全国基层干部学习培训教材
QUANGUO JICENG GANBU XUEXI PEIXUN JIAOCAI

乡村振兴实践案例选编

全国干部培训教材编审指导委员会办公室组织编写

党建读物出版社

出版说明

习近平总书记一直高度重视基层基础工作，他反复强调，基础不牢、地动山摇；基层强则国家强、基层安则天下安。习近平总书记指出，乡村振兴是实现中华民族伟大复兴的一项重大任务，要把解决"三农"问题作为全党工作重中之重；推进国家治理体系和治理能力现代化，社区治理只能加强、不能削弱。习近平总书记要求，要重视和加强基层干部队伍建设，帮助他们深入改进作风、提高能力素质，把基层党组织建设强、把基层政权巩固好。

为深入学习贯彻习近平总书记关于加强基层基础工作、提高基层治理能力等重要指示精神，贯彻落实党中央关于全面推进乡村振兴、健全党组织领导的城乡基层治理体系的决策部署，提高城市和农村基层干部能力和素质，中央组织部组织有关单位聚焦乡村振兴、城市基层治理培训主题，编写了全国基层干部学习培训教材，供各地区各部门和干部教育培训机构以及广大基层干部学习使用。

这批培训教材按照"政策解读、案例示范、实操练习"的总体框架,展示了在习近平新时代中国特色社会主义思想指引下全面推进乡村振兴和城市基层治理的实践成果,是基层干部学习的鲜活宝库和范例。组织基层干部深入学习这批教材,有利于深化基层干部对乡村振兴和城市基层治理重大意义、丰富内涵、生动实践的理解,提高基层干部全面推进乡村振兴、推进基层治理现代化的能力。

全国干部培训教材
编审指导委员会办公室
2021 年 11 月

目 录

产业兴旺

唱响大地黄花经　走出脱贫致富路
　　——山西省大同市云州区产业脱贫的实践 ………… 3
园区引领　推动产业振兴进入快车道
　　——内蒙古自治区五原县大力实施"百企百园"工程 …… 11
小托管实现大变革　探索小农现代化新路径
　　——黑龙江省巴彦县刘辉巨农种植专业合作社创新开展
　　　农业社会化服务 ………………………………… 19
优化"双创"环境　激发"双创"活力
　　——福建省晋江市推进农村创业创新的实践 ………… 26
创新生产托管服务方式　推进稻米产业转型升级
　　——江西省吉水县大力发展农业生产社会化服务 …… 34
探索新路径　延伸新触角
　　——山东省阳谷县智慧畜牧助力高质量发展 ………… 42

做强蓝莓产业　引领品牌升级
——山东省青岛西海岸新区宝山镇推进"一镇一业"
的实践 …………………………………………… 49

三链同构　农食融合
——河南省漯河市食品全产业链建设的实践 ………… 57

擦亮粤北厨乡品牌　畅通美丽致富之路
——广东省新兴县朱所村以厨兴村的探索与实践 …… 64

创建农业经营新机制　发挥要素集聚多功能
——四川省崇州市创新实践农业共营制 ……………… 71

巧手绣幸福　携手奔小康
——贵州省凯里市苗绣产业助力精准脱贫 …………… 79

把脱贫户嵌入产业链　塑造产业脱贫新模式
——陕西省宝鸡市产业脱贫的创新实践 ……………… 87

生态宜居

保护与开发并举　生态与发展共赢
——吉林省敦化市大蒲柴河村党建引领生态强村的实践 ……… 97

践行"两山"理念　诠释醉美乡村
——浙江省安吉县余村的"两山"之路 ……………… 105

画好山水画　走好富民路
　　——福建省将乐县常口村抓党建促生态绿色发展的实践 …… 113
搭建美丽乡村会客厅　绘就乡村振兴新画卷
　　——海南省琼海市建设美丽乡村的生动实践 ………… 122
抓重点补短板　建设雪域高原美丽乡村
　　——西藏自治区拉萨市抓党建促农村人居环境整治 ……… 129
建设生态宜居乡村　贫困村庄蝶变美丽家园
　　——甘肃省徽县榆树乡乡村建设的美丽图卷 ………… 137
互联网赋能　打通"最后一百米"
　　——宁夏回族自治区彭阳县构建农村饮水新模式 ……… 145
"唤醒"一汪碧水　释放旅游红利
　　——新疆维吾尔自治区拜城县康其乡党建引领生态
　　　兴村的实践 …………………………………………… 153

乡风文明

加强组织建设　培育文明乡风
　　——北京市顺义区石家营村以文明乡风促进乡村建设 …… 163
打造常态化服务体系　让农村文化"活"起来
　　——天津市北辰区双街镇强化农村公共文化服务 ……… 171

戏曲进乡村　唱出大天地
　　——河南省新郑市大力推进乡村文化建设 …………… 179
抓实客事从简　建设文明乡风
　　——云南省大理白族自治州推进移风易俗的实践 ………… 187

治理有效

"街乡吹哨　部门报到"　党建引领创新基层治理
　　——北京市平谷区探索乡村治理新机制 ………………… 197
党建引领多维联动　推进乡村治理现代化
　　——辽宁省盘山县乡村网格现代化治理模式探索 ………… 206
整体智治唯实惟先　数字赋能乡村振兴
　　——浙江省德清县数字乡村建设实践 ……………………… 214
发挥党组织堡垒作用　"小积分"撬动"大治理"
　　——湖南省新化县油溪桥村探索村级事务积分考评管理 …… 222
构建"一站两网"监督模式　助推乡村振兴全面提速
　　——广西壮族自治区蒙山县坝头村强化基层监督的实践 …… 230
党建引领"三治"　实现乡村善治
　　——重庆市南川区大观镇基层治理的实践探索 …………… 237
发挥村规民约作用　破解乡村治理难题
　　——青海省贵南县建设乡村治理体系的实践 ……………… 245

生活富裕

建强组织堡垒　壮大集体经济
　　——河北省正定县塔元庄村党建引领集体经济发展的
　　　实践 ································· 255

五村联动优势互补　乡村振兴多点成片
　　——上海市宝山区罗泾镇党建引领乡村振兴示范镇
　　　创建的实践 ····························· 263

发展集体经济　奔向共同富裕
　　——江苏省张家港市永联村强村富民的实践 ········ 271

以党建领航牢记改革初心　在希望的田野上阔步前行
　　——安徽省凤阳县小岗村开辟乡村振兴新路径 ······ 279

念好人才"六字诀"　铺就乡村振兴路
　　——湖北省十堰市大力推动人才振兴 ············· 287

后　记 ·· 295

产业兴旺

唱响大地黄花经　走出脱贫致富路
——山西省大同市云州区产业脱贫的实践

习近平总书记指出，乡村振兴要靠产业，产业发展要有特色。云州区是燕山—太行山集中连片特困地区，曾有贫困村80个、贫困人口32926人，贫困发生率达30.8％。由于基础薄弱、力量分散，主导产业一直难以聚焦定型，也难以形成规模、对接大市场。近年来，云州区把黄花作为产业扶贫和"一区一业"的主导产业来抓，黄花种植面积达到17万亩，产值达到11亿元，形成1个3万亩片区、8个万亩片区和109个专业村，建成17家龙头企业，打造出6个国家级品牌。仅黄花一项，带动12.35万农村常住人口人均创收4100元。特别是50个合作社带动贫困户种植黄花3.8万亩，达到了除社保兜底外的12194户、29722名贫困群众人均一亩黄花的目标，打造省级现代农业示范园区，分别入选国务院和农业农村部、国务院扶贫办全国产业扶贫典型案例。黄花产业已经成为全区农民增收致富的支柱产业，形成政府支持力度大、群众参与热情高、社会支持氛围浓、脱贫攻坚效果好和黄花种植、加工、旅游一二三产融合联动发展的良好态势，不仅贫困人口有了稳定、可持续的收益，为打赢脱贫攻坚战奠定了坚实基础，而且带动了"三农"转型，助力乡村振兴。

一、明确方向，确定以黄花为主导的"一区一业"

习近平总书记指出，欠发达地区抓发展，要立足资源禀赋和产业基础，做好特色文章，实现差异竞争、错位发展。云州区立足本地特色找资源，总结成功经验和失败教训，群策群力，分析研判，反复比较，得出了大同黄花是一个群众认可、比较效益好、发展前景好的优势特色产业。

云州区种植黄花有600年的历史，素有"中国黄花之乡"的美誉。由于这里阳光充足、火山富硒等自然条件，该区黄花先后12次荣获国家农产品博览会金奖，全国客商公认大同黄花品质最好。但是长期以来，受水地资源少、采摘劳力不足、晾晒场地不够、无收益期长、冰雹和病虫害等问题影响，一直是一家一户的小规模种植，没有形成大的产业。为此，区委、区政府从历史眼光、战略思维、长远角度出发，把黄花确定为"一区一业"和产业扶贫的主导产业，持续推动黄花产业向现代农业发展，为全区农业结构调整明确了目标方向。

区委、区政府出台了促进黄花产业发展的意见，成立了领导小组和黄花产业发展办公室，组建了黄花协会，加强政策扶持，全力跟进服务。每年初都要召开推进会，总结经验，查找问题，研究解决办法。年中召开现场观摩会，组织乡村干部和群众到先进乡镇、农村观摩，农民互相对比算账，增强发展信心。年底开展"冬季行动"，组织发动群众，筹措资金，流转土地，联系秧苗，为来年开春种植做好准备。制订了黄花产业发展规划、特色产业精准扶贫规划，打破乡、村界线，集中连片种植，达到片片相连，带动脱贫致富达小康，让农业成为有奔头的产业、农民成为体面的职业。

二、转变作风，解决产业发展的关键问题

发展黄花产业面临种植技术、田间管理、采摘烘干、市场销售等诸多一家一户难以解决的问题。为此，云州区把握扶贫政策机遇，一切围绕黄花产业发展，一切服务于黄花产业发展，全区出台21项扶持政策，累计投入5.2亿元。

（一）给予种植补贴。2012—2016年，对所有新栽黄花种植户给予每亩500元的补助，带动了12236名贫困群众种植15957亩。从2017年起，对贫困人口每亩补贴1000元，缓解了黄花种植前两年没有收益的困难。

（二）改善农田水利条件。投资2.6亿元实施万亩农业综合开发、土地整理、雁门关生态畜牧经济区建设等12个重大项目，新增和恢复灌溉22.68万亩。连片种植200亩以上，由水务部门免费打井取水，推广节水灌溉6.21万亩。2020年春季旱情严重，全区上下新打机井12眼，维修旧井17眼。

（三）组织协调雇工。通过网络、上门招工等多种形式，帮助种植户联系山东、河南等地的季节性采摘工人3000多人。组织20个劳务合作社，引导本村和邻村人员就地务工，还发动社区居民就近采摘。每年在采摘关键时期，市、区四套班子和各级干部职工还义务采摘，带头购买，服务黄花丰收。在40天的采摘期内，参与务工的人员达11.3万人次。

（四）解决加工问题。积极解决晾晒难的问题，建成48个黄花

大同市云州区绿色有机标准化种植基地

冷库、50个黄花晾晒大棚，对冷库用电给予补贴；投资3500万元，建成2个黄花地头加工扶贫车间；对群众自建冷库、晾晒场地和晾晒大棚进行补贴，增加露天晒场7.7万平方米、晾晒大棚2.8万平方米；推广60万个晾晒拖盘，一家合作社用晾晒托盘加工出来的直条黄花菜，每公斤售价曾高达65元，卖出了当年全国黄花产区的最高价。2020年政府补贴采购200台生物质燃料锅炉、10台移动冷链运输车，方便群众加工储存。在田间地头建成30个地头加工点，以每公斤鲜菜不低于3.2元的价格收购黄花，有力解决了加工难的问题。

（五）推广自然灾害保险和目标价格保险。采取"政府补大头、农民少出点"的方式，协调保险公司开办了两个新险种，每亩保费300元、400元，最高可获得4500元、5400元的赔付，其中农户自筹50元、100元。2019年两项保险参保面积5.38万亩次，共理赔3751万元；2020年参保面积11.8万亩次，自然灾害险理赔4000多万元，增强了农民抵御自然灾害、市场波动风险的能力。

（六）开展多方位服务。农业技术人员上门传授种植管理技术，建成10个统防统治合作社，使用红蓝板物理防治和生物农药、低残留化学农药等办法，实施绿色防控4万亩。农机中心探索黄花的机械化中耕管理，研制出适宜规模化种植的黄花专用旋耕锄草机械，采购12架无人机进行统防统治。扶贫办给予贴息贷款扶持，金融机构发放小额扶贫贷款2.27亿元，实施"黄花贷""忘忧易贷"，缓解了种植户流动资金不足的困难。

三、提升组织化程度，增强产业化水平

面对农村劳动力不足、土地分散、粗放经营的现状，全区把推动"一村一品一主体"建设作为黄花产业扶贫的重点，以培育合作社、龙头企业、能人大户、家庭农场等新型经营主体为着力点，帮助贫困户以土地、补贴资金等要素入股合作社，由合作社统一经营；贫困户还可以在自愿的基础上流转土地，引进企业经营，通过获取薪金、租金、股金"三金"，实现资源变资产、资金变股金、农民变股东的"三变"。2016年以来，流转2509户覆盖6272名贫困群众的18817.5亩土地栽种黄花，亩均流转费500元，每年流转费收入940.88万元，贫困人口人均年增收1500元；贫困人口参与黄花采摘和田间管理47739人次，人均年增收3600元。

（一）以"公司＋农户＋基地"的方式推动产业扶贫。全区现有25家涉农龙头企业与贫困村建立了扶贫带动利益共享机制，流转土地13万亩，组织化程度达22%。河南某公司在三十里铺村流转土地种植黄花1600亩，带动了村集体增收和农民务工。成立产业

发展公司，投资 3.1 亿元，建成 4 条日加工 100 吨鲜黄花的流水线，配套育苗、冷库和展厅等设施。同时，流转土地种植黄花 11416 亩，每亩每年流转费 500 元，委托 15 家合作社进行田间管理，每亩每年费用 430 元，带动了 1318 人脱贫。

（二）以"村集体＋合作社"的形式扩大种植。积极探索"村集体＋合作社＋产业"模式，倍加造镇 5 个村共同出资组建合作社，种植黄花 1000 多亩，年可收益 100 万元，每个村根据投入比例享受收益。成立 50 个合作社，除去流转土地和种植管理费用后，60%的收益归群众、40%归集体所有，为 17486 名贫困群众种植 22049 亩，2019 年补贴 712 万元用于合作社的田间管理。现在全区共有黄花专业合作社 95 家，有 7905 名贫困群众成为社员，种植黄花 2.8 万亩，根据入股比例给予分成。山自造村通过合作社种植黄花 1000 多亩，贫困户人均 1.5 亩，2019 年户均收益 500 元。

（三）培育龙头企业促进市场销售。扶持黄花龙头企业改进工艺，提高品质，打造市场形象，促进深加工，提高附加值和综合效益。有的企业建成加工车间，上先进设备，提高了市场份额；有的企业研制了黄花咀嚼片、食用酱和黄花泡菜等食品，形成了上百种黄花菜宴；有的企业开发了黄花洁颜面膜、乳酸菌等产品，在黄花深加工上取得突破。目前，黄花产业已经形成 9 个系列 120 多种产品。

四、党员干部带动，发挥基层党组织的战斗堡垒作用

（一）选好配强"领头雁"。换届以来，新任村党支部书记 82 人，新任村"两委"班子成员 415 名，占比 41%，60 岁以上的村"两委"

班子成员由原来的 304 名减少到 123 名；35 岁以下的年轻干部 80 名，占比 7.6%，平均年龄降低了 6 岁。唐家堡村在党支部书记的带动下，全村种植黄花 4200 亩，收入 1500 万元，成为远近闻名的富裕村。

（二）党员带头搞好服务。注重发挥党员的作用，对于群众不敢种的，党员干部示范带头；对于有困难的，党员干部积极服务。全区有 83 名党支部书记、650 名党员带头种植黄花，81 名村干部领办合作社。徐家堡村党支部书记带头种植 35 亩，村干部每人种 20 亩，全村发展黄花 170 亩，提前实现了脱贫。瓜园村退伍军人回村领办了合作社，带动 463 名贫困群众种植黄花 1700 亩。在党员的带动下，全区 300 亩以上的种植户达到 38 家，起到了示范引领作用。

（三）发挥帮扶队伍的作用。区四套班子领导带头进村入户，帮助群众解决产业发展中的具体问题。第一书记和驻村工作队倾心服务，为群众办好事、做实事。省地勘局投入 187 万元，在区补贴基础上，给予种植户每亩 500 元的补贴，帮助 4 个村发展黄花 1774 亩。区自然资源局工作队帮扶小王村新打机井，种植黄花 86.5 亩，涉及贫困户 41 人，为农村带来了新思想新技术，受到群众的欢迎。

（四）吸引人才回归。加强农村人才队伍建设，吸引 178 名在外人员回村创业，有 92 名本土人才进入村"两委"班子，成立了 270 家各类合作社，一大批大学生村官、返乡创业青年成为农村致富带头人。

专家点评

大同市云州区的黄花产业是脱贫攻坚进程中形成的具有较强带动作用和发展潜力的农业主导产业，是典型

的高效富民农业。习近平总书记2014年在江苏调研时指出:"现代高效农业是农民致富的好路子。要沿着这个路子走下去,让农业经营有效益,让农业成为有奔头的产业。"云州区践行了习近平总书记的讲话精神。

发展黄花产业的一个关键是走出了规模化发展之路。20世纪90年代以来的实践经验表明,农业产业发展必须走规模化、组织化之路,在区域上形成较大的种植面积,可以发挥流通和加工的规模效益;可以通过土地流转形成单个规模较大的经营主体,如专业大户、家庭农场、农民合作社、农业企业等带动广大小农户种植,否则产业发展的基础不稳固。在此基础上,积极提高产业组织化水平,探索"村集体+合作社+产业"模式,组织化水平的提高是延长产业链条、实现品牌化发展的基础,促进了黄花产业升级和价值提升。另一个关键因素是在财政和金融两个领域同时发力。云州区在财政政策上给种植农民补贴,在金融政策上,采取政府补助和农民出资相结合的方式开办了自然灾害保险和目标价格保险两个新险种,增强了农民抵御风险的能力。

园区引领　推动产业振兴进入快车道
——内蒙古自治区五原县大力实施"百企百园"工程

初冬的第一场雪，让广袤的河套大地银装素裹、一派祥瑞。室外已是冰天雪地，五原县胜丰镇"灯笼红"香瓜产业园区温室内却春色满园。张家夫妇2019年种瓜收入20万元，现在正像养育"命蛋蛋"一样抚育着香瓜幼苗，想赶在农历正月十五高高挂起"灯笼红"，赶个好行情，卖个高价钱。同时，丰裕办事处扶贫产业园"六村千棚"建设效益凸显，受益农户和脱贫户高兴得合不拢嘴；天吉泰镇肉羊养殖园区"放母收羔"模式让养殖户收入倍增，5万亩盐碱地改良项目园区，红花葵花相映成趣，稻麦鱼虾和谐共生。悠久的农耕文明和现代智慧碰撞，五原县的生态田园正在绿色崛起。

五原县位于内蒙古西部，隶属巴彦淖尔市，地处河套平原腹地，黄河"几"字湾的最北端，总人口30万人，耕地230万亩，是典型的农业大县。这里盛产优质小麦、肉羊、瓜菜等特色农畜产品，是闻名遐迩的葵花之乡、瓜菜和肉羊之乡。"黄河北，阴山南，八百里河套米粮川；水渠纵横密如网，阡陌交通赛江南"是这里的真实写照。近年来，五原县坚持生态优先、绿色发展，把园区建设作为产业振兴的重点，按照"政府主导、企业主体、品牌引领、要素整合"原则，大力实施"百企百园"工程，先后建设各类园区138个，覆盖全县78%的行政村、51%的农户。

一、突出顶层设计，着力强化政策保障

五原县成立了由县委书记任组长，县长任第一副组长，县委副书记、人大、政协主要领导任副组长，县四大班子、公检法、工业园区处级领导为成员的乡村振兴工作领导小组，编制了《五原县乡村振兴工作行事历》，倒排工期、挂图作战，专人负责、专项推进园区建设，并聘请专业机构高标准编制完成《五原县乡村振兴建设规划（2018—2022 年）》《五原县国家现代农业产业园发展规划（2021—2025 年）》等，构建起以县城为中心、交通干线为延伸、辐射全县域的产业园区布局。

为保障园区建设，五原县专项出台了用地保障、金融保险、人才支撑等政策措施。用地方面，率先在现代农业示范园区内开展高标准农田建设，走改盐和整治相结合的路子，实现"渠沟路林田水电技"全配套，提升园区发展能力。金融方面，鼓励引导农业银行、建设银行、农商行、邮储银行等金融机构服务重心下沉，扩大对合作社、农业企业等新型经营主体的金融服务规模和覆盖面。保险方面，在完善小麦、玉米、葵花、水稻、生猪、奶牛、森林等政策性保险的基础上，大力推广肉羊、奶羊等农牧业商业保险，积极与平安财险合作开展种植收入保险试点、养殖保险试点、畜牧"活体"抵押贷款试点等保险产品，扩大农牧业保险覆盖面。在人才方面，探索设立乡村振兴创业基金，落实相关补贴政策，结合村"两委"换届，择优选拔大中专毕业生、返乡创业者、退伍军人和科技人员，培养造就一支懂农业、爱农村、爱农民的"生力军"。

二、坚持融合发展，着力构建多园格局

围绕葵花、肉羊、肉鸡、果蔬、玉米、奶羊六大主导产业，五原县成立了专项推进组，组建行业协会，建立"六个一"工作模式（一套班子、一个方案、一项工作机制、一个行事历、一个宣传片、一个画册），推进全产业链融合发展。葵花产业，依托生产企业、加工企业和农贸市场，年种植葵花100多万亩，产值38亿元，形成集种子研发、葵花种植、加工销售、乡村旅游为一体的全产业链。肉羊产业，依托企业建成规模养殖场（户）152家、屠宰厂7家、饲料加工厂4家、有机肥厂6家，养殖肉羊500多万只，总产值29亿元，形成年出栏百万只肉羊生产联合体，构建起循环经济全产业链。肉鸡产业，由企业投资65亿元，建设集玉米种植、粮食仓储、油脂加工、饲料生产、种禽繁育、雏鸡孵化、肉鸡养殖、屠宰分割及冷藏销售、熟食加工、有机肥生产和鸡文化产业于一体的全产业链肉鸡产业园。果蔬产业，依托一批产业化龙头企业和农民专业合作社，建设辣椒酱、香菇酱、柿子汁、火龙果汁、蜜瓜干等果蔬精深加工生产线，推进果变汁、菜变肴、生变熟，做精产品，做强品牌，推动农产品延链增值。玉米产业，依托多家企业建设30万吨玉米制乙醇、100万吨饲料项目，带动玉米种植100多万亩、肉牛养殖50万头。奶羊产业，由企业投资1.5亿元建设奶羊良种繁育基地，培育"肉奶兼用"奶山羊和奶绵羊，谋划启动乳品深加工项目。同时，大力发展肉猪、肉驴、蛋鹅、鸵鸟、肉牛等特色产业，着力构建多元发展、多级支撑的产业体系。

五原县坚持"宜粮则粮、宜农则农、宜工则工、宜商则商"，

整合资金项目、科技服务、金融支持向园区倾斜，鼓励和吸引更多龙头企业、新型主体入驻园区，不断扩大隆镇八里桥、套海向阳、塔尔湖联丰、新公中永联等重点园区辐射范围，跨区域实现更大范围整合。推进麒麟西瓜、花菇、西红柿、朝天椒等单品园区建设，建设大、小园区相互循环、共同发展的格局。

三、夯实基础支撑，着力优化建园机制

五原县有不同程度的盐碱化耕地123.1万亩，占总耕地面积的53.4%，严重制约现代农牧业的发展。"重整田畴织锦绣，润泽沃土惠民生"，在盐碱地改良过程中，五原县将夯实农业发展基础聚焦到高标准农田建设上来，走改盐和整地相结合、"大破大立"开展土地整治的路子，按照"三打破、五统一、一重新"标准，在完成全县230万亩耕地一轮配套的基础上，对全县的盐碱地进行大面积改良。截至2020年，五原县共实施高标准农田建设项目188.83万亩，投资20.93亿元，实现"渠沟路林田水电技"全配套，全面夯实现代农业发展基础，为园区建设铺好丰收路。

为保证农产品质量并实现长效管理，园区大力开展产地净化行动，通过全域推进"四控两化一整治"，2020年减施化肥1200吨；建成1个县级区域集中回收中心和11个农药包装废弃物回收点，已回收320吨（为全县5—6年的产生量）；年节水0.32亿立方米；农膜当季回收率达到85%以上；畜禽粪污资源化利用率达到95%，农作物秸秆五化利用率达到90%以上。建成1个县级农产品检测中心、11个乡镇检测室和21个重点园区检测点，农产品抽检合格率98%以上，获批国家出口农产品质量安全示范区。

五原县万亩水浇地图景

四、聚焦关键环节，着力探索强园路径

（一）突出品牌强园。五原县坚持把"创品牌、提品质、优品种、强监管"作为园区可持续发展的关键，严守食品安全底线。围绕"天赋河套"区域公用品牌，培育农产品国家地理标志品牌4个、全区著名商标8个、名特优新产品2个，认证绿色食品48个、有机产品9个，金草原18款羊肉产品获准"天赋河套"品牌授权。推进品质提升，50家"农字号"龙头企业纳入国家农产品质量监管追溯平台，68家农畜产品生产企业纳入自治区农畜产品质量监管追溯平台，主要农畜产品实现全程可追溯，获批国家农产品质量安全县，创建国家食品安全和有机产品认证示范县。

（二）突出科技强园。依托"科技兴蒙"战略，五原县与40多家科研院所长期合作，建成院士（博士）专家工作站和科技小院

9个，年开展实用技术培训0.8万人（次），农业科技进步贡献率达到65%以上；建成品种研发中心3个，良种覆盖率达到95%。特别是自主研发食用向日葵品种占全国市场1/3，列当、水锈病害防治全国领先，成功承办世界向日葵产业论坛；建成羊业研究中心、反刍动物研究中心，巴美肉羊获评全国首个自主知识产权肉羊品种；盐碱地改良技术成为全国样板。

（三）突出精深加工强园。五原县充分发挥龙头企业引领作用，农畜产品加工企业达168家，占全县工业企业的96.6%；年产值42.5亿元，占工业企业产值的57%，农畜产品就地加工转化率达到71%。农牧业产业化龙头企业52家，实现销售收入26亿元，增加值2.6亿元，占规模以上工业增加值的39%。通过延伸产业链条实现农畜产品增值，成为农牧民增收的主要渠道。

（四）突出农文旅融合强园。坚持农文、农旅、农商融合发展。"羊博园"万亩肉羊养殖园区全面推进，"葵博园"建成5000亩核心区，全国最大的葵花种子交易市场建成运行。万亩现代农业和"菜博园"建设提档升级；集农耕文化博物馆、民俗文化村、河套农家乐、农耕文化体验街"四位一体"的河套农耕文化博览苑建成，入选国家2015年度丝绸之路重点文化产业项目，被批准为国家农业综合开发现代农业园区。五原黄柿子、"灯笼红"香瓜获得农业农村部地理标志产品认证，胜丰镇晏安和桥被评为全国"一村一品"示范村镇，实现了生态农业、光伏工业、旅游文化三产叠加、"农科文旅"融合发展。

五、强化共建共享，着力创新联结方式

五原县坚持"共进、共富、共舞"，创新产业组织方式，深化

利益联结，带动农户融入园区发展。

（一）突出主体培育。加快培育多元化经营主体，壮大现代农业发展的主力军。引进52家"农字号"龙头企业，组建向日葵、果蔬2个产业联盟，培育3家国家级高新技术企业，实施科技攻关22项，培养应用型人才1万多人。发挥合作社和家庭农牧场桥梁作用，培育合作社1097家、家庭农牧场133个，全面推行"五星级"管理（县财政每年安排500万元以奖代补资金，对评为"三星级"以上的进行奖励扶持），合作领域和服务内容进一步拓展，促进了企业与农户的有效联结。农民按照企业和合作社的标准和要求，参与科技培训，实行标准化种养殖，成为懂技术、懂管理的园区建设新农人、农村产业融合发展的主力军。

（二）大力推广社会化服务。园区围绕农牧业生产产前、产中、产后的各个环节，引进培育各类农牧业托管服务组织12个，土地托管服务面积达到38万亩，带动农牧户2.1万户，实现小农牧户与现代农牧业产业体系有机衔接。突出"园区+"，探索创新"产业股东+产业工人""土地托管+技物结合"等利益联结模式，有效带动小农户特别是贫困户持续稳定增收。2020年，园区农民人均可支配收入2万元，高于全县平均水平32%。

专家点评

全面系统构建产业政策支撑体系至关重要，这是一条宝贵经验。现代农业正在向生产要素集聚的园区式发展迈进，五原县正是充分发挥了园区在乡村产业振兴上的引领带动作用。通过园区建设引导资金、技术、人才等现代生产要素向园区融合集聚，将产业园建设成拥有先进技术、金融支持、设施配套的集合区。通过园区夯实主导产业基础，持续扶持葵花、肉羊、肉鸡、果蔬、玉米、奶羊六大主导产业发展，加快产业结构调整优化，打造了一批规模化原材料生产基地。通过园区建设将"农、科、文、旅"深度融合，充分挖掘文化和众创特色，通过生态农业、光伏工业、旅游文化三产叠加，实现了现代农业与乡村旅游融合互促。通过园区建设提升政府服务水平，除了财政专项、基本建设等有相应资金投入外，在用地保障、金融服务、科技创新、人才支撑等方面均出台措施，使得园区发展有一个相对稳定、优越的环境。

目前五原县农业产业园区仍存在诸如加工转化率不高、科技支撑作用发挥不够、专业人才引进困难、新型农业经营主体带动能力不强等问题和短板，需要进一步创新思路，打破镇域限制，突出融合发展，构建大小园区相互循环、融合发展的新模式。同时，也要注意在园区发展中充分发挥企业的主动性，避免过多的行政干预，发挥好市场配置资源的决定性作用。

小托管实现大变革
探索小农现代化新路径
——黑龙江省巴彦县刘辉巨农种植专业合作社
创新开展农业社会化服务

发展现代农业是实现农业现代化的必由之路。农业生产托管是在不流转土地经营权的情况下,通过生产托管实现土地的规模经营。针对农民认不认可、接不接受、信不信任等问题,黑龙江省巴彦县刘辉巨农种植专业合作社,在具体实践中探索出"零一二三"模式。"零"是指零风险托管,让农民吃上定心丸;"一"是指一条龙服务,在托管服务过程中,实施"托管+金融+保险+销售"的一条龙管理,让农民享受"保姆式"服务;"二"是指第二次牵手,引导农民在农业生产托管后,将空闲农民、特别是拥有闲置农机的农民组织起来,带设备入社,实现第二次牵手,让农民赚上分红钱;"三"是指第三方监管,主动接受由县农业农村局聘请的第三方机构对农业生产托管服务进行全程监管,确保托管项目取得实效。

一、谁来种地难题凸显,托管服务为农解忧

巴彦县刘辉巨农种植专业合作社由后山乡平阳村五户农民发起,于2016年成立,理事长是当地地地道道的农民。合作社成立之

前，他主要从事农资经销业务。在当地，农资经销市场竞争较为激烈，巨农种业所占的市场份额较小。当时，他发现很多青壮年农民进城务工，在家留守种地的多为老人和妇女，在种地方面普遍力不从心。为解决留守人员种地的实际困难，他有了一个想法：能不能用自己经销的农资帮助农户种地，同时扩大巨农种业在农资市场的占有率？2016年，他投资20万元购置拖拉机、播种机，开始为本村农户的1200亩耕地提供农业生产全程托管服务。2017年托管面积达7000亩，2018年超万亩，2021年已超10万亩。

合作社现有从业人员256人，其中管理人员56人，农机作业手200人；拥有81台免耕播种机，资产原值364.5万元；16台收割机，资产原值240万元；耕地所用机械，鼓励农机手自带，统一调配使用。2021年，合作社托管总面积10.9万亩，其中巴彦县托管耕地3.86万亩，跨积温带托管临近的庆安县、木兰县、望奎县、北林区耕地7.04万亩。一般情况下，托管耕地2000亩为一个单元，每单元耕地承包给1名机耕手，全权负责耕、种、防、收。服务费用为每亩95元。托管耕种土地面积，依机耕手年龄大小而不同。通常，50岁以下最多可达5000亩，50岁以上的为2000亩左右。目前，托管地域涉及170个自然屯。为加强监管，每个自然屯由1—2名业务经理负责签订托管合同，检查合同执行情况，监督机耕手的作业过程。

二、节本增效防控风险，生产托管优势明显

（一）确保农户保底收益。合作社为农户提供春耕、起垄、播种、施肥、除草、防虫、收割、储运等玉米生产全程托管服务。在农户预期收益得到保障的前提下，每亩收取服务费350元。2019年，

刘辉巨农种植专业合作社开展农机作业服务

尽管粮食受灾减产、粮食价格波动导致种粮收入下降，托管保障收益为900元/亩，合作社按900元/亩标准一次性支付给农户托管保底收入。在签订托管合同后，合作社按20元/亩的标准，收取托管服务费预付款，秋后按330元/亩标准结算托管服务费尾款。对于签订合同后一次性交齐全年服务费的农户，合作社会给予20—30元/亩不等的优惠。合作社给予贫困户每亩50元的托管服务费优惠，2020年27户接受托管服务的贫困户，共减免服务费4万元。

（二）降低玉米生产成本。2016年，合作社开始探索农业生产托管模式，托管耕地面积从小到大，托管农户从少到多，经营模式不断完善。一是降低农资和机耕作业成本。农业生产托管初期，合作社与小农户自营相比，其优势在于节约生产成本，主要体现在农资的采购和农机作业两方面。小农户单独采购肥、药的成本分别为60元/亩、130元/亩、80元/亩，合作社的采购成本为25元/亩、100元/亩、15元/亩，每亩可节约成本130元。耕种包括春耕、播种、中耕、除草、防病虫、收割、储运等作业，较小农户每亩可节省 73 元。二是整合自有和机耕手农机具统一调配使用，节省投入成本。合作社在农机使用方面采用自有农机与机耕手自带农机整合使用相结合的方式，降低农机购置、使用和维护成本，合作社自有免耕机和收割机进行种、收两个重点环节的作业，自有无人机进行除草、防虫作业。拖拉机等机械由机耕手自带并自行加油、保养和维修。三是提高农机具使用效率。利用不同积温区播种时间差在多地开展托管服务。实践证明，在巴彦县、庆安县、木兰县、望奎县、绥化市北林区开展农业生产托管服务，延长了农机作业时间，提高了农机利用率和经营效益。

（三）不断提高玉米种植技术水平。在托管经营过程中，合作社严格依照国家《农业社会化服务土地托管服务规范》要求，结合当地水土光热和作物特点，制定耕种技术规程和标准，开展规范操作。一是科学选择种植品种。2017 年，由于玉米品种选择偏差原因，大面积玉米倒伏，合作社损失惨重。后来合作社总结经验，采用先小面积试种、再大面积推广的方式，筛选当地成熟玉米品种，大面积种植取得较好的种植收益。二是严格标准化作业。全机械化作业，机耕手必须严格按照作业程序耕种，业务经理对作业效果进行全程监管。三是加强推广应用先进种植技术。品种都是经过筛选的主流优良品种。在栽培方式上，按照专家提供技术要求，开展玉米保护性耕作，长期定位试验，监测不同栽培模式的效果。依据产量、湿度、温度的关键数据，选择玉米种植最佳模式。根据土壤实际状况和作物需肥特点确定肥料的品种、配比和施肥量，实行测土配方施肥。

（四）采取有效措施防控风险。在农业生产托管过程中，合作社强化风险意识，采取多种方法有效控制和化解自然风险、市场风险和经营风险。一是积极参加各类农业保险。2019年以来，合作社在人保财险公司对托管耕地种植收益投保。每亩保费40元，保障耕地种植收益800元/亩。积极探索通过农产品期货、保险+期货的方式降低风险。二是强化托管制度建设。主动接受托管农户监督，在耕、种、防、收等关键作业期间，让农户做好监督、验收工作，每个作业环节都让农户了解合作社为农户土地所做的提产、增收具体工作，让农户亲眼看到托管各环节实际情况，取得农户的理解和支持。三是保障极端条件下农机作业能力。循序渐进扩大托管面积，在托管中，合作社始终坚持根据自身农机耕作能力，适度发展，不盲目扩张。始终保持农机30%的富余耕作能力，以确保在极端天气条件下能够完成农机作业。

三、小托管带来大变革，农业转型步伐明显加快

（一）推动现代农业发展。农业生产托管实现了农业规模经营，加快了现代科技成果与管理方法在农业生产和经营管理中的应用。一是提高了良种率。良种率由75%左右提高到100%；二是实现了全面测土配方施肥，减少了施肥量，提高了施肥效率；三是提高了农业标准化作业水平，单位耕地面积的垄沟宽度、播种密度、播种量、施肥量、农药播撒程序都得到严格控制；四是提高农业机械化水平，尤其是提高了大农机作业水平；五是提高现代农业科技水平，无人机喷洒农药等新技术得到广泛使用。

（二）提高农业生产效率。相对于农户自耕，农业生产托管在农业生产效率方面优势明显。一是提高了单位耕地面积的土地产出

率。通过广泛使用良种、提高耕种及植保技术，促进玉米增产 15% 左右。二是极大提高了农业劳动生产率。以万亩农业生产托管为例，如采用农户自耕则涉及农户 500 户近 1000 人，如采用农业生产托管则只需 30 人，劳动生产率提高近 30 倍，接近发达国家水平。

（三）增加农户收入。一是托管成本低于自耕成本，托管主体由于规模经营，在种子、化肥、农药等农资采购时，具有较强的市场谈判能力，采购价格低于农户购买价格；同时托管主体的农业机械使用效率也高于普通农户，所以托管主体收取的托管服务费低于农户自营投入的资金，为农户节约了生产成本。二是合作社常年雇用管理人员 56 人，农机作业手 200 人，这些人员都获得了较高和稳定的收入，合作社在农忙期还需要临时用工，日薪 280 元/人，增加了当地农民工资性收入。三是增加了劳动力转移收入，农业生产托管后，农民可以通过其他产业经营、外出务工增加家庭收入。

（四）加速农村社会变革。农业生产托管加快农民就业与农村人口流动。一是推动了农业生产专业化，农业劳动者由兼业从事农业生产转变为专业从事农业生产，职业化程度显著提高；二是提高了农村老龄化社会的韧性，缓解了由于农村老龄化带来的农业劳动力不足问题，同时也加速了整个社会的城市化进程。

（五）促进农业生态环境不断优化。一是测土配方施肥的广泛使用，在规模化、标准化生产中，全面实现测土配方，从而减少因过度使用化肥造成的土地板结等环境问题；二是定制化农药的广泛使用，在规模化经营的情况下，相关厂家可以为特定的病虫害专门配置农药以提高植保效果，进而较少农药的施用量，降低对自然环境的破坏；三是大量回收农资垃圾，如设施农业产生的地膜、农药瓶等农业生产资料包装，由于相对分散回收成本较高，回收难度比较大，实现规模化生产后，可实现集中大量回收。

专家点评

随着城镇化深入推进，农业劳动力转移速度不断加快。未来谁来种地，怎么种地，成为农业农村转型过程中必须回答的一个基本问题。"大国小农"是我国基本国情农情，农村劳动力转移为土地适度规模经营提供了条件，但受土地和劳动力成本上涨等因素制约，土地规模经营之路面临着较大风险，同时广大小农户如何与大市场形成有效对接，仍然是摆在农业现代化道路上的一道难题。为破解这一难题，农业生产托管应运而生。

黑龙江省巴彦县刘辉巨农种植专业合作社，认真研究农业生产托管服务农民认可度、接受度、支持度等问题，以尊重农民意愿、满足农民利益为前提，以农民专业合作社为载体，整合各方资源，在农业生产托管服务中探索出"零一二三"模式，为农户提供从种到管、从技术服务到农资供应等全程"保姆式"服务，既有效破解了农村种地难的问题，又为广大小农户实现务农与务工两不误提供了便利，深受农户欢迎。政府部门则在生产要素、科技服务、金融支持等方面给予支持，推动农业生产托管的推广和规范。实践证明，农业生产托管模式切合农村现实需求，且具备一定的市场空间，是我国实现小农户与现代农业有机衔接的有效途径。

优化"双创"环境　激发"双创"活力

——福建省晋江市推进农村创业创新的实践

2002年,时任福建省省长习近平撰文总结晋江发展成就和实践探索,提出了以"六个始终坚持"和"处理好五大关系"为核心内涵的"晋江经验"。在"晋江经验"的指引下,晋江持续深化农村改革,强化"三农"工作,农业农村发生了翻天覆地的变化。近年来,晋江更是全力推进农村创业创新,不断优化农村"双创"环境,提升农村"双创"水平,加快培育农业农村发展新动能,为提升晋江改革发展大局、丰富"晋江经验"作出了积极贡献。2018年4月,晋江市被农业农村部评为全国农村创业创新典型县范例;2019年5月,全国推进农村创业创新现场交流会暨经验推介活动在晋江举行。

一、调整农业产业结构,"五色"产业提质扩面

(一)红色产业——胡萝卜种植。近年来,晋江农业产业引入新的发展要素,短短几年间,一跃成为福建省最大的胡萝卜种植基地,是全国冬种胡萝卜面积最大的县区之一。晋江原有胡萝卜种植以本地品种为主,品相差、产量低、规模小。2002年起引进日本"坂田七寸"品种,最初试验示范面积仅300亩,到2008年,推广种植面积达7500亩。经过多年发展,到2020年全市胡萝卜种植面积达

6万亩，产量达36.5万吨，年产值达7亿元，从事胡萝卜种植的各类经营主体达350家，其中具备胡萝卜初加工能力的企业12家。目前，"晋江胡萝卜"入选福建省第一批特色农产品优势区，2020年4月获得国家农产品地理标志登记保护。

（二）黄色产业——"衙口花生"。说到晋江的特产，"衙口花生"不得不提。"衙口花生"至今已传承一百多年，经光绪年间衙口一名以卖花生度日的村民通过悉心研究煮晒花生技艺而来，因味道独特而广受欢迎。"衙口花生"主要原料为中琉球花生，适宜在晋江市种植。经过多年发展，晋江常年种植面积2.5万亩左右，年产"衙口花生"8000吨左右，年产值约4亿元，现有"衙口花生"加工企业近百家，产品深受消费者喜爱。"衙口花生"2010年被列入第三批泉州市级非物质文化遗产保护名录，2017年获得国家农产品地理标志登记保护，品牌价值不断提升。

晋江市胡萝卜丰收现场

（三）绿色产业——辣椒种植。辣椒种植业是新落户晋江的绿色产业，目前种植面积2万多亩，年产值约3亿元。农民专业合作社对辣椒种植业迅猛发展起到了重要引领作用，其中的佼佼者是2017年12月注册成立的闽皖辣椒种植农民专业合作社联合社。该合作联社以安徽籍来晋农业创业者为主体，共有成员73户，各类设施农业大棚6200多亩，以种植泡椒、线椒、黄皮椒、螺丝椒等作物为主，其社内辣椒种植做到"六统一"（统一技术培训、统一供苗供肥供药、统一测土配方、统一病虫害防治、统一机械化作业、统一签订购销合同），实现辣椒从育苗、种植、采后包装到销售一条龙联合合作，极大地提高了农户经济效益。

（四）紫色产业——晋江紫菜。晋江是福建省乃至全国最大的坛紫菜加工生产基地。作为福建省十大渔业品牌之一的晋江紫菜，其产业基础好、研发能力强、实力雄厚，汇聚了50多家紫菜精深加工企业。其中，国家级农业产业化重点龙头企业2家、省级农业产业化重点龙头企业7家，创造出诸多深受消费者青睐的紫菜加工品牌，年加工、销售紫菜4万多吨，产值20多亿元，占据了全国坛紫菜加工产品70%以上的市场份额。近年来，在政府的支持引导下，规模企业纷纷加大产品研发投入，开发出众多符合市场需求、口味新颖、加工程度高的新产品，如紫菜酥、紫菜卷等，在满足消费者需求的同时，也进一步提高了紫菜加工产品的附加值。

（五）蓝色产业——鲍鱼养殖。鲍鱼养殖业是晋江传统水产养殖业，现拥有专业鲍鱼养殖户158家，年产鲍鱼2000多吨，年产值15亿元左右。近年来涌现出了一批集新品种研发、繁育为一体的水产种业公司，其中发展最好的公司年可繁育优质良种鲍苗1500万粒、年产种鲍50万粒，选送的皇金鲍成为元首级晚宴指定用鲍。晋江鲍鱼产业的综合实力不断增强,实现了从产品经营向品牌发展的转变,产品在国内国际市场的占有率不断扩大。

二、内培外引育人才,"五微五营双创"不断深化

乡村要振兴,关键在于人才的振兴。要推动农村"双创"工作,振兴人才是必不可少的重要一环。晋江探索聚贤引智之策,逐步建立起"内培外引"相结合的人才培养机制,积极引导各方人才参与农村"双创"工作,助推乡村振兴。

(一)创新载体,引来筑巢"金凤凰"。添一处风景,释一份情怀。2017年以来,晋江大胆尝试、大胆创新,通过开展微景观、微菜园、微庭院、微森林、微墙绘、大学生夏令营、国庆建造营、校园双微创意营、大树微景观工作营、大学生寒假社会实践营和大学生农业农村创业创新为主要内容的"五微五营双创"活动,激发大学生到农村创业创新的热情,调动老百姓参与乡村振兴的积极性,改善农村人居环境,留存农村历史文化记忆。几年来,"五微五营双创"活动的影响力不断扩大,创作出的作品遍布晋江各个镇街。部分团队与村社建立了长期合作关系,帮助村社规划设计乡村微景观,提供咨询,进一步促进乡村成为大学生"双创"平台。近年来,共吸引300多支大学生团队、1000多名大学生参与创作了1406个原生态、乡土味的乡村微景观。通过这样的创新活动,让更多的人才认识了晋江,认识到了晋江的农村有广阔的天地可以让他们大显身手、发挥创意。在此基础上,晋江还开展为期三年的"百生百村"乡村志愿服务等活动,逐步引导农村"双创"人才集聚。

（二）做好服务，构筑育才"大舞台"。为了培育一批坚强有力的本地创业创新人才，晋江汇集本地人才，多次组织召开交流座谈会，倾听他们的困惑、需求和建议；举办农业农村创业创新带头人培训班，聘请创业导师、成功人士分享创业经验及管理知识；组织赴外县市区学习先进农业技术和经营理念，及时为他们"加油""充电"，帮助创业者更有头脑、更懂技术、更能经营、更善管理。2017年以来，晋江共组织3535人参与高素质农民培训，认定高素质农民477人，其中大专学历79人，占比16.56%；本科学历42人，占比8.80%；博士研究生学历2人，占比0.42%，文化水平由普遍偏低向知识型新农人推进。此外，晋江还确认农民助理技师资格67人、农民技术员资格12人，分别有15名和14名农业自主创新创业者获得中级和高级职称任职资格。

（三）构筑平台，打造资源"主阵地"。晋江致力于搭建内容丰富、形式多样的创业创新平台，既注重激发自身发展活力，又善于借势引智引力。一方面，搭建孵化共享平台。建设创意创业创新园、国际工业设计园、智能装备产业园、福大晋江科教园等科技创新载体，为各类农业农村人才创业创新提供空间。全市拥有众创空间和科技企业孵化器9家，场地面积超10万平方米，入驻创业项目超过200个。此外，晋江首家星创空间——晋江市九九星创天地也落户项目区，吸引了20家农业企业、15支院校团队入驻，项目区域"双创"氛围浓厚。另一方面，搭建校地合作平台。与省内外11所高校签订农村"双创"合作协议，长期合作的高校达14所，部分高校还跟晋江建立了战略合作关系，促成了农业农村工作之外的一批项目落地。成立福建农林大学大学生晋江创业基地、福建农林大学研究生晋江工作站、福建农林大学晋江研究院，重点在现代农业、人才培养等方面开展深层次、高规格的战略合作。与福建省农科院建立合作创业创新平台，成立福建省农科院专家（晋江）工作站。2017年以来，与福建农林大学、福建省农科院、台湾朝阳科技大学联合举办"海峡杯"现代农业创意创新大赛，征集海峡两岸农产品生产各环节和农业生产方式的创意创新作品179件，12家风投公司参与对接，取得明显效果。

三、突出农业生态功能，田园风光项目初见成效

晋江积极探索适合自己的可持续发展道路，突出农业的生态功能，通过特色农业开发、农业景观设计、农业休闲旅游、农村基础设施建设等系列创新，提升城乡环境面貌。

（一）建立全市田园风光项目库。为了加快构建"城中有园、城中有田"的城市田园风光，晋江树立"大田园"理念，高起点谋划，将乡村振兴、生态文明建设、国际化创新型品质城市建设紧密结合，在组织编制《市域田园风光总体发展规划》和《三年行动方案》的基础上，根据全市基本农田分布情况，策划14个重点片区和1个特色田园风光基地形成项目库，作为全市打造田园风光的主抓手。该项目库涉及耕地面积8.11万亩，其中基本农田7.1万亩，基本涵盖晋江成片农田区域。目前，晋江正抓紧推进北部山海绿道、一山一水都市绿道、中部山地绿道和南部滨海绿道等生态绿道的规划建设。

（二）推进九十九溪流域田园风光项目建设。2017年，晋江成立全资国有的益农投资发展公司，在西园、梅岭、池店、磁灶交界处规划建设面积达8300亩的九十九溪流域田园风光项目。该项目是近年来晋江市委市政府重点打造的生态景观项目，将规划成一个

一二三产融合发展的田园风光示范园，对晋江的可持续发展、群众生活水平提高、城乡环境面貌的全面改善和提升具有深远意义。项目自2017年11月启动以来，以推进基础设施建设为主，进行机耕路修复工程建设，聘请专业团队进行土壤生态修复，播种紫云英等绿肥2200亩；聘请院士团队和全国种粮大户指导和管理"五彩稻田"种植，建立"宏生态、大植保、强绿色"现代农业生产模式；启动滨河绿廊等十余个项目规划设计；紧扣"村庄美、产业兴、农民富、环境优"目标，在周边13个村庄深入推进村庄环境整治，组建团队开展乡村传承文化挖掘整理，委托教授团队开展"产村融合发展模式"和"一村一业"研究，组织实施"名师大家"驻村计划。

专家点评

晋江市不断激发"双创"活力，开拓农村创业创新之路，让创业创新与农村产业发展紧密结合，与农村人才发展互相促进，与农村生态振兴协调发展，探索出一条全面振兴的实践路径。在产业方面，充分尊重消费需求，以市场为导向，由市场"引路"，让产业"走新路"，不断开发推出新品、优品；让政府通过税收减免、企业用地、品牌注册、市场拓展等形式"铺路"，使产业"走稳路""走远路"。在人才培养方面，积极搭建园区平台，开展各项活动和培训，以园"引"人，以教"育"人，以业"留"人，为乡村振兴注入人才活力，奠定人才基础。在生态发展方面，坚持规划先行、项目牵引、典型示范，不断提升城乡环境面貌。这些做法让乡村产业振兴、人才振兴、生态振兴良好互动，值得借鉴和学习。

创新生产托管服务方式
推进稻米产业转型升级
——江西省吉水县大力发展农业生产社会化服务

吉水县地处江西省中部，是一个以丘陵为主的典型的农业县，全县水稻种植面积128.3万亩，总产5.3亿公斤。2018年以来，按照中央关于大力推进农业生产托管的有关要求，吉水县以农业生产托管项目为抓手，突出做好农业现代化高质高效这篇文章，聚焦服务小农户、创新服务模式和品牌建设，用好用活农业生产社会化服务项目，培育多元化服务主体，引领小农户与现代农业发展有机衔接，促进服务规模经营发展，破解了"谁来种地、谁会种地"的难题，培育了一批"井冈山"牌稻米品牌和产品，促进了全县稻米产业转型升级，实现了农业增值、农民增收。

一、强化三个保障，确保项目有力推进

（一）强化组织保障。成立由县政府分管领导为组长的项目实施领导小组，建立以县农业农村局为责任主体、县财政局为监管主体、乡镇为实施主体的工作机制，县领导亲自挂帅、部门领导靠前指挥、职能部门各司其职，为项目实施提供了强有力的组织保障。

（二）强化经费保障。县委县政府高度重视农业生产社会化服

务建设，加大资金投入力度，对现代绿色水稻服务平台建设安排了100万元补助资金，对工厂化智能育秧中心建设安排了500万元项目资金和80万元配套资金，对服务组织操作人员培训安排了20万元培训经费，确保项目有力有序推进。

（三）强化宣传保障。全方位加大政策和品牌建设宣传力度。结合农业大讲堂和送科技下乡等活动，将农业生产托管服务项目政策进行广泛宣传，让政策深入人心；通过央视《致富经》《品牌故事》和江西电视台5套《稻花香》农业栏目等媒体平台，进行"井冈山"稻米专题报道；采取线上和线下相结合的方式，做好户外广告宣传，并在多家著名电商平台上推广。

二、聚焦三个重点，把准项目方向

（一）聚焦产业薄弱环节。水稻种植品种和订单生产是稻米品牌建设的薄弱环节。吉水县依托"井冈山"牌稻米区域公用品牌建设项目，在确定以"井冈软粘"为统一品种后，某粮油集团与江西省农科院水稻研究所和吉安市农科所建立合作关系，在现有"井冈软粘"的品质上进行更专业的提纯复壮工作，并在海南三亚建立了50亩品种南繁基地，缩短了品种供应周期。同时，以粮油集团和某农业服务公司为核心，在本县醪桥镇黄牛洞村建立1000亩种子扩繁基地，自繁种子100万公斤，实现统一供种、统一生产，在全县范围内开展订单生产，为"井冈山"牌稻米区域公用品牌建设打下坚实基础。此外，以粮油集团子公司为核心，在醪桥镇黄牛洞基地开展服务、创新、融合的新型社会化服务体系建设，进行了试验、磨合、展示、推广等工作，建立"井冈山"稻米创新服务中心，联合全产业链的各个环节，推动构建稻米全产业链联盟。

（二）聚焦服务小农户。积极探索农业生产性服务模式，把带动小农户发展服务性规模经营作为农业生产社会化服务主抓手。在订单生产上，注重订单向小农户覆盖，实行订单生产社会化服务，2020年全县订单面积24万亩，其中小农户订单面积17.48万亩，占订单面积的72.8%；在项目安排上，社会化服务区域向小农户占比较高的乡镇、村组倾斜，实行集中连片服务，全县实现3个乡镇整乡推进、16个村整村推进，农业生产社会化服务涉及农户22295户，其中小农户14938户，占服务农户的67%。

吉水县某粮油集团黄牛洞全智能工厂化育秧中心

（三）聚焦服务方式创新。以吉水县某农业服务有限公司和某生态农业有限公司为依托，整合全县83家社会化服务组织，各服务组织分别与公司签订服务合作协议，组建了"公司＋服务组织＋农户"服务模式。通过服务方式创新，实现了信息共享、农机设备共享、服务功能拓展。为发挥资源优势，从种植专业合作社和种植大户入手，大力推进大田托管，2020年全县大田托管面积达143万亩次，实现了社会化服务由单一环节向全程服务转化。

三、严把三个关口，夯实项目基础

（一）严把作业数量关。认真核实作业量的真实性。充分发挥乡镇农技推广综合站和村委会的作用，由乡镇农技推广综合站牵头，组织村干部入户调查，根据农户作业确认书、承诺书和订单合同，与农户经营权证或租赁合同进行比对，确认作业量的准确性。机防作业量以农户确认书和平台数据为依据；机插作业量以机插秧田面积和电子监控数据为依据；机烘作业量以收购凭证、烘干用电量和银行流水账为依据，服务组织必须提供相对应的数据、账单、作业轨迹进行查询、验证和比对。

（二）严把服务质量关。根据《农业生产托管项目实施方案》要求和相关技术规程，制定了各环节的作业质量标准和操作细则，各服务组织严格按照标准和细则进行操作。县项目领导小组组织人员入户调查和电话抽查，作业质量不达标的，不得享受项目资金补助；每年召开一次服务对象代表座谈会，对服务组织的服务程序、服务协议和服务质量开展满意度测评，评议结果作为下年申报立项依据，对服务对象意见大、多次不履行承诺的服务组织实行"黑名单"管理。

（三）严把资金拨付关。坚持"先服务、后补助，谁服务、补助谁"原则，严格控制补助标准上限，扩大小农户受益面。首先，服务组织进行自查和汇总，将服务相关资料进行整理，建立台账。其次，县项目领导小组组织农业农村局、财政局等相关单位，根据作业量确认依据、服务质量情况对服务组织项目实施情况进行验收。再次，项目领导小组对项目验收情况进行审核，并将服务组织作业情况进行公示。最后，县农业农村局按照验收核定金额将补贴资金拨付给服务组织。

四、做实三个载体，提高项目质量

（一）做实服务指导载体。利用高素质农民培训项目，对各服务组织进行技能和项目管理培训，三年来共培训各种机手600余人次。全县组建了18个乡镇项目实施指导组、249个行政村服务站，健全了县、乡、村三级项目实施指导队伍体系。

（二）做实联合体服务载体。以农业有限公司和生态农业有限公司为平台，将全县21家机防服务队、23家机烘服务队、19家收储服务队、8家机插服务队、12家粮食加工企业、300架植保无人机、18台插秧机、200组烘干机，分别与两家公司实行联合，组建了农机公司联合体和生态农业公司联合体，通过资源整合，加快了大田托管进程。

（三）做实服务平台监管载体。农机公司充分利用大江农业服务平台，设立服务总账号，加盟组织注册分账号；生态农业公司立足于服务绿色水稻生产，开发了现代绿色水稻服务平台（MCRP平台），加盟组织在该平台注册。两个平台均在县农业农村局装有端口，随时可以查询，为服务全程、平台全域监管提供了保障。

五、破解四个难题，提升项目成效

（一）引领小农户与现代农业接轨，破解了小农户生产难题。当前全县小农户家庭经营依然是农业的主要经营方式,通过实施社会化服务项目,把小农户作为政策支持重点,调动服务组织积极性,引导小农户与服务组织对接。全县农业生产托管面积由2017年的91万亩次增加到2020年的143万亩次。为发挥项目集合效益,实施了农业生产托管与土地流转、高标准农田建设相结合,为农户提供从耕种到销售的全程"保姆式"服务,提高了小农户组织化程度,实现了良田机械化作业,让农民当起了"甩手掌柜","穿着皮鞋"把田种。

(二)促进农业节本增效,破解了农民增收难题。通过开展农业生产托管服务,解决了外出务工人员种地问题,减少了季节性抛荒,提高了水稻复种指数。全县水稻播种面积由2017年的123.7万亩增加到了2020年的128.3万亩,累计增加4.6万亩,扩面增收2100万元。通过社会化服务,水稻单产明显提高,每亩增产约30公斤,累计为农户增收1300万元。通过开展规模化的统一托管服务,充分发挥农业机械装备作业能力,促进农业节本增收,每亩可节约成本110元左右,为农户增收2200万元。经测算,扩面、增产、节本可为农户增收5600万元以上。

(三)补齐水稻生产短板,破解了农业科技落地难题。长期以来,吉水县农业生产社会化服务多为单环节服务,机插是制约水稻生产的一大难题。在项目实施带动下,聚焦水稻机插薄弱环节,采取服务组织投资与政府补贴相结合,全县建设两个工厂化智能育秧中心和6个玻璃育秧大棚基地,单季育秧能力达4.2万亩,2020年机插面积达6.3万亩,为农业生产托管由单环节向全程服务转变打下基础,有力推动了农业机械化向全面、全程、高质、高效转型升级。

（四）促进稻米品牌创建，破解了产业发展难题。吉水县是吉安市"井冈山"牌稻米区域公用品牌建设重点县，项目实施过程中，大力推进农业生产社会化服务与"井冈山"牌稻米区域公用品牌建设有机结合。在项目规划和资金使用上，将社会化服务项目实施内容纳入"井冈山"牌稻米区域公用品牌订单生产范围，依托社会化服务项目带动，按照大田托管服务模式，建立绿色标准化水稻种植基地，打造具有地方特色的"井冈软粘"和"井冈虾稻"产品品牌，稻米区域公用品牌集群初现雏形。同时，"井冈山"牌稻米区域公用品牌建设，也有效促进了农业生产社会化服务高质量发展，提高了机插、机防、机收、机烘等农业机械社会化服务水平。

专家点评

习近平总书记指出，要"加快构建以农户家庭经营为基础、合作与联合为纽带、社会化服务为支撑的立体式复合型现代农业经营体系"。农业生产托管是农业社会化服务的重要形态，是生产性服务业联接小农户的有效机制，是促进农业节本增效、绿色发展、规模经营、助推我国农业现代化的重要组织形式。

农业生产托管的核心是处理好农户与服务主体之间的关系。普通农户对于新生事物往往存在较多疑虑，确保托管服务质量让农户满意很关键；服务主体小、散、弱，是农业生产托管服务发展面临的普遍性难题；促进产业提质增效，是实现农业增产、农民增收的根本前提。江西吉水以订单农业为基础，以品牌建设提升全产业链价值为重点，聚焦小农户需求和服务组织能力提升，创新托管服务方式，取得了多方共赢的良好效果，推进了稻米产业的转型升级，探索出了可复制能推广的托管模式，值得学习借鉴。

探索新路径　延伸新触角

——山东省阳谷县智慧畜牧助力高质量发展

山东省阳谷县地处鲁西平原,是山东省农业大县、畜牧强县,现已形成肉鸡、肉鸭、生猪等七大畜牧产业带布局,拥有标准化养殖场180家,年可出栏生猪43万头、家禽1.3亿只,具备3亿只鸡、5000万只鸭、100万只羊、100万头猪的年屠宰加工能力。近年来,阳谷县着力推进畜牧业智慧信息平台建设,创新推进"361"模式,实现绿色优质畜产品生产与消费的有效对接,探索出一套设施完备、体系完整、服务完善的智慧畜牧发展模式。

一、三级联动实施规范化管理

按照中央和省、市有关工作要求,阳谷创新确定"县建大平台、镇有管理所、村有防疫员"的信息平台建设和组织建设思路,全力构建县、乡、村三级畜牧工作网络。

(一)县级层面搭建智慧平台。先后投入资金1000万元,成立重大动物疫病防控应急指挥中心,建设了智慧畜牧业监控平台,与山东省畜牧兽医综合监管服务平台、养殖场直联直报平台、无害化处理信息平台、山东省动物检疫信息系统进行对接,同步开发了阳谷县畜牧防疫信息平台,真正实现"人在干、数在转、云在算",

有效提升了监管服务工作效能。一是下好全场景覆盖"一盘棋"。统一开发畜牧养殖、防疫、饲料、屠宰、无害化处理、洗消中心等服务模块，有效整合收集、加工、传递、利用等环节的畜牧业信息资源，实现畜牧生产、监管全场景覆盖，形成云上畜牧生态圈，使一个个分散的"数据孤岛"连方成片，极大地提高了监管工作的科学性和准确性。二是打通全环节融汇"一条链"。围绕解决数据采集"最后一公里"问题，信息终端每人配备一台平板电脑，用于动物防疫基础数据的远程收集，重点录入生产记录、兽药、饲料使用记录、消毒记录、免疫及检测记录、病死畜禽无害化处理记录等9项内容，覆盖全县所有畜禽散养户、专业户和规模养殖场，数据录入率达到100%，逐步实现"办公自动化""电子台账一体化"的管理方式。同时，与上级平台、系统的有效对接，实现了数据的快速检索统计、汇总、查询和网上留痕，构建起了一体化追溯体系。三是构建全天候管控"一张网"。将畜牧生产、防疫、屠宰、饲料、养殖、无害化处理、洗消中心等企业223个远程监控点全部纳入平台监管，实现了24小时不间断视频连接，所有摄像头30秒自动轮流切换，采集视频数据可以存放2个月以上，做到了对企业生产、加工、产品质量等环节的实时监控和追溯。

（二）乡镇层面健全管理机构。高标准建设4处省级动物卫生监督检查站和5处乡镇分所，配备高素质专业化工作人员68名，实行24小时值班备勤制度，系统开展动物及动物产品检疫、生猪运输车辆监管、病死畜禽无害化处理、动物卫生证章标志管理等工作。2021年以来，产地检疫生猪达12.41万头、家禽1.56亿羽，出具动物检疫证1.16万份；屠宰检疫生猪达5.23万头、家禽6120.62万羽，检疫动物产品14.44万吨，出具动物产品检疫证2.09万份，有效保障了畜禽产品质量安全。

（三）村级层面延伸防疫触角。成立1个防疫大队、6个防疫中队，下派74名工作人员，对全县18个乡镇（街道）全部856个行政村、17个社区实行网格化管理，通过定区域、定职责、定范围"三定原则"压实防疫责任。制定《阳谷县村级动物防疫员考核办法》，明确6大考核指标、14项计分细则等具体内容，进一步规范了基层村级动物防疫队伍建设，严防虚化空转、层层减压等问题。近年来，高标准完成高致病性禽流感、口蹄疫、小反刍兽疫、布病等疫病防疫任务，免疫密度、挂标率、建档率全部达到100%。

二、六个体系保障示范县建设

（一）健全防疫队伍体系。县委、县政府始终高度重视动物疫病防控工作，成立了由县政府主要负责同志为组长的重大动物疫病防控指挥部，将畜牧兽医事业发展中心设为县政府直属正科级事业单位，人员经费和工作经费全部纳入财政预算，人、财、物独立运行。畜牧兽医事业发展中心下设动物疫病预防控制中心（副科级事业单位）、动物卫生检疫监督所、畜禽屠宰管理办公室等17个科室，现有工作人员207名，其中兽医专业人员70%以上，与乡镇分所、村级防疫员共同形成了一支政治可靠、业务过硬、素质优良的防疫队伍。围绕生产、兽药饲料、检疫、屠宰等畜禽产品质量安全重点领域，强化监管、落实举措，春秋两季畜禽集中免疫率、申报检疫率和屠宰检疫率均达到100%，建成了全国首个禽流感、新城疫双无疫小区。

（二）健全防疫法规制度体系。严格执行国家、地方法律法规，根据山东省无疫省建设指南要求，建立健全动物卫生监督所、规模养殖场、屠宰厂、无害化处理厂、国家疫情测报站、应急物资储备库等场点的各项规章制度，统一配发并全部上墙。同时，完善防疫管理制度，加强档案建设，成立高标准档案室，对无疫省建设6大体系96条分类内容进行具体细致归档，县、乡、村三级防疫体系、监管养殖场、无害化处理厂、屠宰场各项档案做到统一格式、统一标准、统一存档，各项材料实现前后呼应、上下衔接；通过智慧平台建立了防疫、养殖、屠宰等电子档案，与省局数据库对接，让各项统计、查询更为便捷、精准。

（三）健全动物疫病预防体系。结合县情实际创新方式方法，按照"县不漏乡、乡不漏村、村不漏户、户不漏畜禽、畜禽不漏针"的"五不漏"原则，由防疫人员逐村逐户开展高致病性禽流感、口蹄疫等疫病防疫工作，在保证工作质量的基础上，极大地提高了工作效率。同时，进一步加大工作力度，对养殖场、屠宰场、兽药饲料经营单位进行全程监管，严格落实强制免疫、封闭式管理、环境消毒、病死畜禽及其产品无害化处理、运输车辆消毒等各项防控措施，健全养殖、防疫、屠宰等档案记录，完善生物安全体系，提升生物安全管理水平。

（四）健全疫情监测预警体系。高标准升级改造国家级疫情测报站，严格按照P2+实验室生物安全标准建设实验室，配置洁净间（10万级）空气过滤系统、污水处理、全自动核酸提取仪、Ⅱ级生物安全柜等设施设备，目前实验室已具备动物疫病血清学、病原学检测分析能力，有效提升了实验室生物安全防护能力。科学制订监测流调计划和方案，进一步加强疫情监测流调，完善疫情预警预报网络。每年对全县35家监测场点采样监测，开展禽流感、口蹄疫和非洲猪瘟等流行病学调查工作。根据工作需要配备了疫情报告设施设备，专人负责疫情报告管理工作，确保疫情报告系统高效运行。

（五）健全动物卫生监管体系。在充分发挥动物卫生监督所和检查站作用、做好动物卫生监管和动物防疫屏障建设的基础上，强力推进病死畜禽无害化处理长效机制建设。建设日处理能力40吨的病死畜禽无害化处理厂；科学布局建设4处标准化病死畜禽收集暂存点，配置病死畜禽专门运输车9辆；全县52家规模生猪养殖场全部自行建设病死猪收集暂存设施；在全市率先将病死畜禽无害化补贴资金列入县财政预算。目前，阳谷县病死畜禽无害化处理长效机制已取得显著成效，在满足本县处理需求的基础上，有效辐射到了周边县（市、区）。

（六）健全防疫应急管理体系。加强应急管理制度建设，完善重大动物疫病应急预案，规范应急处理工作程序，充实应急储备物资。配备防疫指挥专用车辆，由专人负责疫情报告管理工作，健全值班制度，公布值班电话，建立50余人应急预备队伍24小时轮流值班，做到动物疫病早发现、快反应、及时处置。强化应急准备，制定了阳谷县动物疫情应急物资管理制度，按照无疫省应急物资储备库建设标准，高标准配齐应急储备物资。2021年以来及时补充消毒器械、防护服、扑杀器等应急物资，举办了突发重大动物疫情Ⅱ级（非洲猪瘟）应急处置演练，有效提升了应急响应能力。

三、一个目标力促高质量发展

阳谷坚持保供给、保安全、保生态、促发展"三保一促"目标，持续转变发展方式，着力推动畜牧业高质量发展。现已形成肉鸡、肉鸭、生猪等7大畜牧产业带，有标准化养殖场180家，畜禽屠宰加工企业15家，其中国家级龙头企业1家，省级龙头企业3家。通

探索新路径　延伸新触角

阳谷县强化动物防疫应急管理

过"公司＋基地＋农户"的发展模式，把农户和市场有效连结起来，健全完善了"养殖—加工—销售"一条龙的产业链。形成了年屠宰3亿只的肉鸡产业链、年屠宰100万头的生猪产业链、年屠宰100万头（只）的肉牛和肉羊产业链、年屠宰5000万只的肉鸭产业链。阳谷县先后被评为"国家农产品质量安全县""国家外贸转型升级基地（肉制）""山东省畜牧强县"，阳谷畜牧业呈现出规模化、标准化、生态化的良好发展态势。

智慧畜牧业是智慧农业在畜牧行业应用的具体体现，是云计算、传感网、3S[①]等多种信息技术在畜牧行业综合全面的应用，辅助畜牧业实现更完备的信息化基础支撑、更透彻的信息感知、更集中的数据资源、更广泛的互联互通、更深入的智能控制、更贴心的公众服务。作为畜牧业强县，阳谷县充分发挥政府在智慧畜牧业建设中的引领作用，做到本职工作与智慧畜牧业建设有机统一、深化放管服改革与信息化监管服务有机统一、建设节约型政府与智慧畜牧业可持续运行相结合，引领全县畜牧业可持续发展。

---

① 指遥感（RS）、全球定位（GPS）和地理信息系统（GIS）。

专家点评

畜牧业现代化是农业现代化的重要体现和标志，以人工智能为代表的新一代信息技术正在使畜牧业加速转型升级。阳谷县是山东省畜牧强县，通过打造畜牧业智慧信息平台，实现畜牧业发展、疫病防控、产品监管、环境保护与新一代信息技术耦合共振、互融互促，促进绿色优质畜产品生产与消费有效对接，开启了智慧畜牧阳谷模式。近年来，阳谷县畜牧业信息化快速发展，整合各类资源，建设了阳谷县畜牧业智慧信息平台，着力打通了"信息孤岛"。阳谷县开发的畜牧信息监管平台，覆盖畜牧业的方方面面，在方便基层工作的同时，实现了数据的快速检索统计、汇总、查询和网上留痕，逐步实现电子一体化追溯体系。建设的畜牧信息视频监控平台，将畜牧生产、防疫、屠宰、饲料、养殖、无害化处理、洗消中心等纳入平台监管，做到企业生产、加工、产品质量等实时监控，切实提高畜牧兽医队伍监测监管能力水平。

智慧畜牧业是产业发展大势所趋和转型升级必经之路，当前新一轮科技革命和产业变革方兴未艾，我国畜牧业必须抢抓机遇，充分利用人工智能、物联网、云计算、大数据和移动互联网等新技术，高度重视畜牧业智慧化，加速推进畜牧业高质量发展。

做强蓝莓产业　引领品牌升级
——山东省青岛西海岸新区宝山镇推进"一镇一业"的实践

入春以来，青岛西海岸新区宝山镇处处莺歌燕舞，柳绿花红，清泉汇聚，流水潺潺。这个总面积123平方公里、拥有3万人口的小镇，洋溢着生机和活力。本地人都知道，这繁荣的景象归功于一枚小小的蓝色浆果——蓝莓。近年来，宝山镇围绕"发展什么产业，如何促进农民增收"的问题，依托得天独厚的自然资源禀赋，大力发展蓝莓产业，实现了"宝山蓝莓"的品牌化、标准化、产业化发展。2020年，全镇种植蓝莓2万亩，从业人员超过1万人，蓝莓及相关产业产值达5亿元，带动全镇居民存款同比增加超1亿元。宝山镇先后获得山东省乡村振兴"十百千"示范创建镇、山东省农业产业强镇、全国"一村一品"示范镇等荣誉称号，"宝山蓝莓"获得国家农产品地理标志登记保护。

一、立足一个产业，补齐发展短板

宝山镇地处被誉为水果种植生命线的北纬35度，镇内水资源丰富，是风河、洋河两条青岛市重要河流的发源地，发展蓝莓产业的生态环境优势显著。为此，20多年来，宝山镇专注于蓝莓这一产业，坚持以开放思维办农业，以工业化思维发展农业，全力打造蓝莓全产业链。

（一）规划成立蓝莓产业研究院。宝山镇联合社会资本，投资1530万元，规划建设蓝莓产业研究院。研究院与农业科研院校深入合作，开展新品种研发，对蓝莓优良品种进行超前布局培育，保障蓝莓品种合理更新换代。依托产业研究院，联合山东果树研究所制定《蓝莓采摘技术规范》等7项全国蓝莓示范标准，果品种类、果实规格、营养成分、种植条件、管理模式、包装样式等方面均有了明确的技术标准和规范，使蓝莓标准化生产有据可依、有章可循。

（二）建设果品深加工产业园。为提升蓝莓果品附加值，宝山镇联合青岛西海岸新区供销集团投资2亿元，规划建设占地70余亩的果品深加工产业园，建设了万吨恒温库、气调库、标准化果品分拣车间三个板块，有效解决了果品的存储、分级销售等短板问题。配套建成果品深加工产业园服务保障中心、蓝莓产业研究推广中心，开发蓝莓酵素、花青素、叶黄素等高端产品，提升了产业附加值。有了这"一园两中心"兜底，百姓再也不用愁蓝莓卖不上价，也不用担心鲜果过夜后品质下降问题，百姓手中的蓝莓，真正成了紧俏货和保值货。

（三）持续宣传推广。召开宝山蓝莓千人大会，号召企业、种植户抱团发展。在青岛崂山区金狮广场、市北区青房·财富地带、市南区金茂湾购物中心、海韵嘉园、胶南商厦等人流最密集5个地方的宣传大屏上进行宝山蓝莓的循环宣传播放，并在市区沿线公交车站广告位进行宣传推广。与永旺梦乐城开展合作，启用"宝山Windows"都市会客厅，打造青岛西海岸新区宝山镇对外推介新的窗口。在西安、北京、上海、深圳以及其他大中型城市举办推介会，宣传推介宝山蓝莓及蓝莓文化，活动累计流量达 30 万人次，抖音视频热度达到 260 万人次。开发高端市场，与盒马鲜生、百果园、万果联、中农批、青岛永旺超市等知名农产品流通企业和超市建立合作，实现了宝山果品与全国市场的互联互通。通过宣传推广，宝山蓝莓打出了品牌，售价同比增长 23%，蓝莓串果更是供不应求，往往未出园区便被预订一空。

宝山蓝莓品牌推广中心

二、建立一套标准，树立品牌形象

为维护好"宝山蓝莓"这一国家地理标志产品，宝山镇打破传统思维，不断开拓创新，探索出一套行之有效的新路子。

（一）推动标准化发展。宝山镇大力推广统一的种植技术和标准，印制统一包装对外销售，实现果品标准化、统一化管理。建立定价联席会议机制，推广蓝莓保险，使宝山蓝莓价格维持在合理区间，保障农户果品销售价格及种植利益。在种植技术方面，与中国农科院、中国农业大学、青岛农业大学等高校和科研院所开展深入合作，成立高校实践基地和技术推广中心，引入推广绿色控害、有机肥投入、人工辅助授粉等 10 余项果园精细化管理技术，保障果品绿色、有机生产。全镇有 3 家蓝莓园区通过国内、国际有机食品双认证，"蓝宝实"有机蓝莓获"年度有机蓝莓引领品牌"。在西安等地的推介会上，宝山蓝莓深受顾客喜爱，很多人表示相比自己以前吃过的蓝莓，不论是新鲜度、口感，还是味道，都要好很多！

（二）三级党组织领建蓝莓产业联合体。宝山镇对全镇蓝莓种植企业、家庭农场、种植散户进行了走访摸排，建立了宝山蓝莓大数据库。充分发挥大数据作用，成立了镇、新村、网格村三级党组织领导共建的宝山镇蓝莓产业联合体。由镇党委、政府主导，新村党委联系龙头企业，龙头企业通过网格村党支部带领村庄全体种植户进行规范化生产，向每个网格村选派优秀党员干部担任产业发展联络员，形成三级党组织负责牵头协调，26 家龙头企业分包村庄进行技术指导、质量监督、市场开拓，种植户参与分红的利益联结机制。在联合体的指导下，农户照着"说明书"控温、施肥、除虫，2021 年的坐果率明显提高，产量增加了 50% 以上。"有了技术和信息的及时共享，我们都提早给大棚升了温，蓝莓比往年早上市 10 天，正好赶上清明小长假，来采摘的游客一拨接一拨，假期 3 天就赚了 3 万多元。"森茂常源蓝莓基地负责人在清明节假期累并快乐着。

（三）开展"诚信宝山"建设。镇政府与全镇每名果农签订诚信承诺书，普及农产品质量安全知识和诚信经营理念，明令禁止使用违规添加剂，强化果农诚信意识，保障食品安全。成立了蓝莓品控监察小组，专人专职专责对全镇暖棚蓝莓农残药残、果品质量进行检查监督，保证蓝莓品质。建立果品快速精准检测中心，果品采收期按无公害产品标准全部进行检测。对于检测出现质量问题的园区和个人，列入统一销售渠道黑名单，禁用"宝山蓝莓"公用品牌，并在全镇进行通报。建立了质量追溯系统，对每盒正规园区出产的果品粘贴可追溯条形码，链接产地园区，鼓励社会公众监督，维护品牌形象。

三、搭建多个平台，开拓销售渠道

产品品质上去了，如何把好产品卖出去，而且卖出好价钱，让老百姓取得实实在在的效益，就成了摆在镇党委面前的重要课题。宝山镇通过调研实践，乘借互联网直播销售的东风，打通了线上+线下互联互通的销售通道。

（一）探索"线上带货"新思路。与抖音、学习强国、大众海蓝、淘宝等平台开展蓝莓线上销售合作，成为抖音平台国内仅有的5个"'十亿流量助农'电商基地打造计划"乡镇之一，享受免收100万元流量费优惠。邀请"抖音短视频"北京总部专业培训人员对22个园区、36名技术人员集中开展新媒体销售培训。创新举办线上蓝莓节，领导干部直播带货，直播当日各平台观看量达86万余人次，直播期间订单量突破1.2万单，销售额达200余万元，直接带动线下3600余万元蓝莓鲜果销售，相关活动被中央广播电视总台

《朝闻天下》、学习强国《直播中国》、山东省《新闻联播》等节目和《人民日报》《经济日报》等媒体宣传,形成了新经济形态引领宝山果品销售线上蓬勃发展的新局面。

(二)建立惠农平台教育实践基地。坚持平台思维,整合优质资源,全力打造政、校、企、村联合推动产业发展的新模式。由青岛卓越创新教育科技集团联合青岛西海岸新区高级职业技术学校等职业院校,举办教育助农电商创业训练营等系列活动;与青岛外事学校联合共建电商直播校外实训基地,吸纳学生参与宝山果品品牌设计、电商运营及直播带货,学生首次直播实践1小时内观看量达1万余人次。在全镇30个150户以上村设立乡村振兴惠农服务站,聘请一名退役军人或家属担任惠农联络员,畅通惠农平台与农民群众的联系服务渠道,实现农产品在平台上的统一代销。

(三)推行农旅融合发展新模式。致力特色农业与乡村旅游融合协同发展,打造"宝山寻宝"农旅品牌,根据季节特色推出"探春""揽夏""觅秋""享冬"四季乡村旅游套餐。立足"宝山蓝莓"等特色农副产品、文化资源,与山鹰集团等企业合作,提供个性化包装服务,推出宝山"名优土特""旅游文创产品""七宝食材礼盒"等高端产品,大力发展"后备厢经济",让游客乘兴而来、满载而归。整合镇内宝康蓝莓、蓝宝实蓝莓等30余处农业园,引进沃泉生态农业等10余个特色旅游项目,打造集果品种植销售、观光采摘、民俗体验等功能于一体的乡村旅游区。农旅融合的模式吸引了大量游客,也为百姓找到了致富门路。他们既可以在园区里工作,人均一年能挣七八万元,同时还可以兼顾自家农活。镇里有位小伙子,以前以送馒头为生,2014年他拿出所有积蓄建了蓝莓园,现在已经发展成40亩规模,年产值有几百万元。宝山蓝宝实园区里有位60

多岁的老人，主要负责摘果子，每天能挣200元，这几年用摘蓝莓的钱盖了新的大瓦房。

专家点评

习近平总书记指出，产业兴旺，是解决农村一切问题的前提。宝山镇为解决农业生产比较效益偏低、市场竞争力不足等问题，充分发挥蓝莓生产优势，组织群众抱团发展，精准实施品牌战略，完善全产业链条，走出了特色产业引领富民强镇的路子。

组织化是产业做强的重要基础。宝山镇成立了三级党组织领建的蓝莓产业联合体，通过组织龙头企业分包到村开展种植、管理、销售等方面的一站式指导帮助，解决了农户种植无序、成本浪费、销售无门等问题，实现了农户与企业的共建共赢。

品牌化是产业做强的必由之路。宝山镇对内抓品质建设，开展"诚信宝山"品牌建设行动，常态化开展农残检测，对检测合格、规范经营的主体发放产地追溯码，强化农民诚信意识。对外突出品牌推介，拓展线上+线下推介渠道，提升了"宝山蓝莓"的品牌影响力。

全产业链一体化是产业做强的重要手段。宝山镇构建了集生产、流通、加工、销售于一体的全产业链体系。引入自动化智能化装备设施，解决了蓝莓分拣、仓储和加工问题。开发蓝莓酵素、花青素等高端产品，提升了产业附加值。搭建交易平台，拓展了销售渠道和空间。

宝山镇的实践表明，一个乡村瞄准一个产业，做强做大，就能带动农民持续增收，为乡村增人气聚财气。

三链同构 农食融合

——河南省漯河市食品全产业链建设的实践

乡村振兴，产业兴旺是基础。近年来，作为粮食主产区的河南省漯河市，通过延伸产业链、提升价值链、打造供应链"三链同构"，建设农业食品产业生态圈，促进乡村产业高质量发展。2020年，全市食品产业营业收入达2000亿元，呈现"45678"态势（农产品加工业与农业产值比值4.5∶1，规模以上工业增加值的53.4%、营收的66.8%、税收的79.4%、利润的81.9%来自食品产业），带动农户25万户，户均增收3000多元，有力促进了农业高质高效、乡村宜居宜业、农民富裕富足，形成了"三链同构、农食融合"的漯河模式。

一、培育产业化联合体，促进产业链延伸

漯河紧紧抓住"粮头食尾""农头工尾"，让粮食做前端、餐桌做尾端，农业做前端、工业做尾端，培育农业产业化联合体，促进一产往后延、二产两头连、三产走高端，打造链条完备、紧密衔接、纵横配套的农业全产业链。

（一）开展"五级订单"生产，夯实产业链基础。按照"专种专收专储专用、优种优收优加优销"要求，把农业当作食品产业的

"第一车间",把食品作为农业的价值取向。加强产业链与企业对接,组织食品加工企业、面粉生产企业、种子企业、收储企业与种植大户、家庭农场和小农户签订"五级订单"。加强产业链与补贴对接,对优质专用、订单品种所需良种给予每亩20元的补贴,让与面粉加工企业签订订单种植合同的农业经营主体优先享受良种补贴、农机购置补贴等扶持政策。加强产业链与金融对接,组织相关金融机构洽谈合作,开发"专项贷""订单贷""种子贷"等金融产品。目前,全市发展优质小麦种植115万亩(占小麦播种面积的47.4%),优质小辣椒种植常年保持在40万亩以上。

(二)培育产业化联合体,促进产业链延伸。按照"上中下游环节衔接、大中小微主体分工"的要求,促进专业化生产、立体化协作。做大做强龙头企业,制定一系列含金量高的土地、资金、人才扶持政策,培育年销售收入超600亿元食品企业1家、超10亿元企业5家、超亿元企业36家,其中国家重点农业产业化龙头企业5家。支持农业产业化联合体,组建以龙头企业牵头、农民合作社和家庭农场跟进、广大小农户参与的农业产业化联合体25个,联合体拥有100家龙头企业、200家农民合作社和家庭农场,年产值突破900亿元。构建农业全产业链,发展"标准化生产—绿色加工—现代流通体系—枢纽中心—终端市场"一条龙的产业链模式,推广"生产基地+中央厨房+商超销售、工厂+品牌快餐连锁"的主食制品工业化生产、社会化供应、产业化经营新模式,促进产加销服一体化发展。

(三)打造优势产业集群,带动产业链拓展。按照"延链补链壮链优链、集成集聚集合集群"要求,促进产业链在做长的基础上做厚做粗。推进"联合体+现代农业产业园",结合现代农业产业园区建设规划，在产业集聚区内部实施一批"园中园"，搭建产销对接、品种展示、信息搜集和发布等平台，促进产加销服等优质要素集聚发展。推进连块成带、集群成链，实施"十百千"亿级产业集群培育、小升规培育、小升高培育三大工程，培育形成了以双汇为代表的肉制品、以中粮面业为代表的面制品、以喜盈盈为代表的烘焙膨化食品、以卫龙为代表的休闲食品、以中大恒源为代表的大健康、以三剑客为代表的乳制饮品等6大产业全链条、集群化发展典型。

二、打造平台载体，促进价值链提升

漯河以促进农业高质高效为重点，及时适应消费升级需求，坚定不移走好质量兴农、绿色兴农、品牌强农之路，重点打造四个平台，推动农业向价值链中高端迈进，向"微笑曲线"两端的研发和营销延伸。

（一）打造食品研发平台，提升科技价值。建设研发平台，搭建国家级、省级研发平台84家，食品企业每年研发新产品300个以上；食品行业已拥有省级以上工程技术中心10个、博士后工作站4个、院士工作站2个。实施5G+绿色智慧农业，促进产学研用结合，做强做透全产业链条。

（二）打造质量标准平台，提升品牌价值。设立市长标准奖，对主导或参与国家和行业标准制定的企业和组织给予奖补。在农业领域主导制定了20多项省级标准、309项地方标准，在食品产业领域制定了88项生产加工标准，参与了近百个国家和行业标准制定。建设检验检测机构，整合全市国家级、省级质量监督检验中心和328

个涉农产品检验检测机构（站点）。强化标准引领，以标准引领品种培优、品质提升、品牌创建和标准化生产，促进专精特新结合，现有无公害农产品154个、绿色食品35个、有机农产品1个，中国驰名商标6个、名牌产品4个。

漯河市食品产业公共研发平台

（三）打造食品云平台，提升渠道价值。创新"互联网+"电商营销模式，推动全国首家食品云、全国首家食品行业标识解析综合型二级节点和全国第二家"星火·链网"骨干节点上线。促进科工贸金联合，相继成立食品行业工业互联网标识应用创新中心、江南大学技术转移中心漯河分中心，形成集粮食大宗买卖、粮食行情资讯、粮食物流服务、粮食金融服务等功能于一体的大宗粮食电商服务平台，建成各类批发市场50多个、农村连锁超市1400多家、中介组织1500多家。

三、打通产业节点，促进供应链贯通

漯河围绕"食品+"理念，打通食品产业与装备制造、造纸、医药、盐化工、物流、动物饲料六大产业，着力打造农户参与、企业主导、科技支撑、金融助力的绿色农业食品产业生态。

（一）打通食品产业与装备制造业，发展食品机械产业。用好专项债等资金，规划建设的智能食品装备产业园一期标房5.3万平方米已竣工，4家食品机械企业及1家食品机械展示交易运营公司已入驻；检验检测专业园区3亿元专项债券已成功发行；地处临颍的河南（广东）智能装备产业园，引来6家国家级高新技术企业入驻，10个项目近期拟签约，预计实现年营业收入80亿元。

（二）打通食品产业与造纸等产业，发展食品包装产业。着眼食品包装高端化、多样化、个性化的需要，建设临颍食品饮料包装专业园区，形成较为完善的产业链条，年产各类饮料包装45亿只，占全国市场的1/10，园区年营业收入近30亿元，成为中部地区最大的食品饮料包装产业基地。

（三）打通食品产业与医药产业，发展功能性食品、保健性食品、医用食品、生物医药产业。政企共建的食品微生物研究院和食品微生物产业园正在积极谋划启动，玛士撒拉医学营养食品项目建成投产。微康生物益生菌粉2021年产量可达到300吨以上，正在加快布局二期项目；亲亲食品与国家体育总局合作开发运动营养食品。

（四）打通食品产业与盐化工产业，培育高端、绿色食品添加剂产业。依托舞阳县地下深井盐优势，投资73亿元的三期项目建成投产，总投资68亿元的60万吨食品级、医用级、注射级小苏打等四期项目已经启动。

（五）打通食品产业与动物饲料产业，着力发展宠物食品。全力招引知名猫粮、狗粮生产企业，总投资10亿元的宠物食品科技产业园正式动工；正在建设的20万吨预混料项目，可以利用玉米提取淀粉和果糖后的副产品加工饲料母料，形成玉米深加工全产业链。

（六）打通食品产业与物流产业，发展以冷链物流为重点的食品物流产业。发挥得天独厚的地理优势，大力招引物流企业。全市国家A级物流企业达24家，冷藏车拥有量占全省1/4，相继有9家企业上榜全国冷链物流百强，占全省的2/3，冷链物流的规模与实力领跑全省，全省首家总容量4000吨的双汇发展公用型保税仓库正式对外提供冷链仓储服务。全市快递业务总量和增速均居河南省前列，成为河南省唯一的"中国快递示范城市"。

专家点评

随着经济社会发展和现代分工细化，我国涌现出围绕区域农业主导产业，有效衔接研发、生产、加工、储运、销售、品牌、体验、消费、服务等各个环节和各个主体的农业全产业链发展模式。2021年中央一号文件提出，构建现代乡村产业体系，依托乡村特色优质资源，打造农业全产业链，让农民更多分享产业增值收益。实现"延伸产业链、提升价值链、打造供应链"的"三链同构"，一直是农民的期盼、企业的追求和政府的倡导，也是实现乡村产业振兴的必由之路。然而，以粮食为主的农业主产区，如何真正打造农业全产业链、实现农业高质量发展，一直难以破题。

近年来，河南漯河通过深入探索、不断试验，打造出了"三链同构、农食融合"的全产业链模式。"漯河模式"秉持农业全价值链思维，紧扣"乡村产业链基础高级化、产业链供应链现代化"目标，围绕加工延链、科技补链、园区壮链、新业态优链等关键环节，突出国际性、集群性、高端性、生态性等特征，推进"三链同构、农食融合"，提高了农业质量效益和竞争力，走出了一条质量高、效益好、结构优、优势释放的乡村产业高质量发展之路，为开启粮食主产区农业农村现代化新征程，发挥了巨大的示范引领和强力驱动作用。

擦亮粤北厨乡品牌　畅通美丽致富之路
——广东省新兴县朱所村以厨兴村的探索与实践

天堂镇朱所村，位于粤北地区，地处新兴、云安、阳春三县（市）交汇地带，交通便利、物产丰腴。下辖16个自然村、25个村民小组，共845户3792人，水田面积2300余亩，山地面积1.1万余亩，2020年村民人均收入达到1.5万元。村内山清水秀、一步一景，人居环境整洁，森林氛围浓郁，自然生态风貌保存完好，是国家住房和城乡建设部2019年公布的"美好环境与幸福生活共同缔造活动"第一批连片推进村之一，也是2020年国家林业和草原局评选的"国家森林乡村"。除了得天独厚的"绿水青山"，朱所村还拥有着蕴含丰富历史人文资源的"金山银山"，不仅是远近闻名的粤菜厨乡，还曾诞生过"一河两岸九统领，火烟相盖两省长"的历史传奇。

一、弘扬粤菜传统美食文化，把牢老祖宗的"金勺子"

（一）注重发掘粤北乡土特色美食。老祖宗留下了粤菜文化的"金勺子"，却也需要后来人的不懈努力。近年来，朱所村不断发掘"栖身乡野"的地道美食，倾力打造有当地特色的天堂美食品牌，奋力弘扬粤菜美食文化，先后整理推出了清水扣肉、酸菜大肠、梅菜腩肉、煎酿三宝、姜葱牛杂、姜醋猪脚、冬菇鱼腐、葱油排骨、木桶豆腐、白切鸡、柴火烧猪、浆血猪杂萝卜、大蒙糍、粉线糍、豆糠糍等天堂地方名菜小食。

（二）注重宣传粤菜传统美食文化。为做好饮食文化传承，朱所村建成了云浮市首家粤菜地方菜系展馆——"粤菜·天堂风味"展馆。展馆建设遵循了和谐相融、修旧如旧的原则，以当地岭南特色旧民居为建设场所，展示天堂风味的各种传统菜式，发挥了传统乡村风貌保护和天堂地方风味宣传互相促进、相得益彰的成效。通过使用展柜、实物模型等3D展现形式，《粤菜·天堂风味》专题宣传片以及图文解说，全方位展示了天堂风味的各种传统菜式、本地特产和天堂厨乡的发展历史。展馆屋内装饰保持传统墙画、复古地砖、老式开关、老旧门窗、青砖土灶等特色原貌，通过陈设传统生活用具，重现旧日村民的生活场景，让参观者有时空交错的体验，产生文化共鸣，感悟淡淡乡愁。同时，"粤菜·天堂风味"展馆不拘泥于单纯静态场景展示的模式，采取结合"南方+"、客户端、政府网络、本地微信平台和邀请各级新闻媒体、各地文学摄影爱好者采风等形式，宣传推广传统饮食文化和厨乡文化。

二、成立天堂风味乡厨协会，搭好传帮带的"戏台子"

（一）注重打造天堂美食文化交流平台。依托天堂镇特有的美食历史底蕴，朱所村成立了天堂风味乡厨协会，并组建协会党支部。在党建引领下，以"继承、开拓、创新、发展"为指针，实行统筹管理、统筹服务，为农村厨师们提供交流学习、技能比拼的活动平台，推进厨师产业长足发展。通过举办各类培训和赛事，朱所村引导和带动广大从业人员主动创新技术、提高技能水平。依托乡厨协会，朱所村成功举办了粤菜师傅工程中央及省市主流媒体基层采风行活动。自2019年起，朱所村共举办了5期本地粤菜师傅培训，合计受众达600余人。2020年11月，朱所村在朱所名灶举办了首届厨娘厨艺大赛，吸引了县内外过百名选手报名参赛，有效提升了天堂镇作为厨师大镇的知名度，对推广本地特色民俗饮食文化、激发群众的干事创业热情起到了积极作用。

（二）注重培养厨师人才和传承技艺。朱所村扎实推进广东省粤菜师傅工程在本村落实落地，开展了一系列本土粤菜技能人才的多形式、深层次、体验式培训教育。朱所村建成了粤菜师傅·天堂风味研究培训院和"粤菜·天堂风味"培训实习点，多管齐下涵盖了粤菜师傅的培训、研究和实习等多个方面，提升群众对粤菜师傅行业的了解度和参与度，让更多人投身到这个行业中来。不少厨师通过培训后在国外中餐馆任主厨，或在国内酒店、大食堂当厨师，或创业经营酒店餐厅，带动镇内就业3000多人，带动近100户贫困户脱贫致富。

（三）注重发挥能人效应实现富民强村。朱所村通过对本村粤菜师傅相关从业人员的摸底，了解到从事与粤菜行业相关人员约800人，其中有不少享誉省内外的名厨大厨。这些从朱所村走出的"大师傅"，不仅让绚烂的粤菜饮食文化走向世界，更将精湛的烹饪技艺薪火相传。正所谓名师出高徒，以粤菜师傅·天堂风味研究培训院为平台，邀请名厨讲师团进行厨艺培训，组织天堂风味乡厨开展厨艺交流切磋，并将其选定为粤菜师傅"师带徒"学艺实习点，努

擦亮粤北厨乡品牌　畅通美丽致富之路

新兴县朱所村的粤菜师傅·天堂风味研究培训院

力实现人才培养、就业创业、行业融合三个目标，突出人、菜、店三个重点，先后培养出一大批厨师人才。

三、开拓特色餐饮服务，支起流水席的"大棚子"

（一）善抓商机，做活流动酒席。流动酒席是当地的一大特色。亲朋好友齐聚一堂，吃完一道菜上一道菜，如行云流水，所以流动酒席也被称为流水席。农村的流水席，让食客在祥和、友爱的气氛中享受人生乐趣的同时，还能够感受富有和谐内涵的文化美、精神美。过去，由于交通不便、饭店较少，老百姓只能在本村礼堂、路边或自家院子里搭起棚子宴请亲朋好友，在宴会筹备、食材购买、现场布置、烹饪料理等方面面临一系列难题，移动餐饮团队应运而生，逐渐发掘和开拓出餐饮服务的新市场。

（二）狠抓服务，做优移动团队。通过"合伙抱团"整合村中能够提供流动酒席服务的厨师、商家，实现了攥指成拳、合力致远。形成规模的移动餐饮团队，能够根据住家的要求，提供宴席的上门定制服务，以制作天堂特色农家菜肴为主，自备桌椅、棚架、锅灶碗盆，并承担全套酒席、龙狮献瑞、会务庆典"一条龙"服务，业务范围涵盖云浮、肇庆、佛山、广州、深圳等广东多个地市，广受群众欢迎。

四、打造天堂风味旅游线路，鼓起老百姓的"钱袋子"

（一）注重打造"一村一品"发展风味旅游。朱所村积极推进大众旅游、全域旅游，精心规划了"天堂小镇"精品乡村风味旅游线路。通过积极发掘当地乡村与美食有关的特色乡土文化，朱所村不仅成功打造了"一村一品"、擦亮"厨乡"品牌，也加快了农村一二三产业融合发展。朱所村依托本地的餐饮文化、人文历史、生态农业等优秀文化及环境资源，打造以"观光、历史、农业、科普、饮食"为主题的生态休闲及农家体验旅游的"天堂小镇"景区，推出宝鸭乐塘、共享菜园、将军巷、九统领广场、天字码头、天紫植物科普园区、朱所名灶等一系列"网红"景点，为天堂镇乡村振兴和全域旅游发展提供有力支撑。以朱所名灶为例，景点着力打造体验式共享厨房，内设多个中式炉灶，餐厨用具、烹饪配料一应俱全，在非培训期间可供游客烹制食物。游客们来到体验园，可以自采自摘、就地取材，并直接在共享厨房烹制原生态绿色农产品食用，充分享受生态旅游、田园生活的乐趣。

（二）注重文化元素与乡村旅游有机融合。朱所村将粤菜厨乡文化元素融入乡村旅游当中，有力推动天堂特色农家菜式推广，走出新兴，走向全中国。由天堂镇乡厨协会成员、粤菜师傅·天堂风味研究培训院讲师团担任推广厨师，结合紫米、丝苗米、酸菜、梅菜等各类特色农产品和天然食材，让游客在观赏美景的同时品味天堂美食，既大饱眼福又大饱口福。游客可以通过朱所村助农服务中心购买当地特色农产品，把眼福和口福带回去和家人朋友一同分享。

专家点评

乡村振兴，产业先行。朱所村做活"特"字文章，打造有生命力的"粤北厨乡"文化地标，赋能全域旅游实现"美丽蝶变"，成功让乡土风貌、传统文化与现代旅游等元素有机结合、共同促进，蹚出了一条产业兴旺、富民强村的振兴路。朱所村的经验关键是两条。一是以"厨"兴村，须把人才抓住。一方面，注重培养人。朱所村大力推动厨艺技能培训，让一大批农村劳动力掌握了烹饪技能，农民有了一技之长，就能用双手创造幸福生活，实现人生价值。另一方面，注重用能人。朱所村找来名厨大厨，以"传帮带"方式培养粤菜厨师、推广粤菜文化，放大能人的示范带动效应，带动餐饮服务业蓬勃发展。以"厨"兴村，提升的是农村劳动者价值，特别是助推了帮扶对象勤劳致富，达到了扶智又扶志的正向效果。二是以"游"富民，须把产业做精。朱所村在做优做强餐饮服务产业的同时，充分利用自然和人文资源，打造出一条"绿野见幽静、天堂尝美食、稻浪忆乡愁"的高品质乡村旅游线路。以"游"富民，不是简单的开门迎客。推动乡村旅游的"美丽蝶变"，既要补上基础设施建设短板，丰富产品供给，提升旅游品质，还要找准定位，突出特色，努力培育具有地域风情的旅游品牌。

创建农业经营新机制
发挥要素集聚多功能

——四川省崇州市创新实践农业共营制

崇州市位于成都平原西部，素有"西蜀粮仓"美誉，是全国新增千亿斤粮食生产能力建设县、四川省粮食主要产区。在转变农业发展方式的过程中，土地细碎化、农户兼业化、劳动力弱质化、农业副业化、生产非粮化等问题越来越突出，原有的农业经营体系已难以有效支撑乡村振兴，难以适应农业供给侧结构性改革的迫切需要，天府之国正在经历农业生产方式转变的拷问。

如何破解农业"谁来经营"、农村"谁来种地"、生产"谁来服务"难题？崇州市大胆探索，做出诸多尝试，从大户流转到工商资本下乡，从订单农业到农民专业合作社，但都未能形成稳定的生产经营体系。直到2010年5月，崇州市隆兴镇黎坝村15组30户农民以101.27亩承包土地经营权入股，探索成立土地股份合作社，聘请当地农技站技术员担任农业职业经理人，一种新型农业经营模式终于在不断"试错"的过程中从农民的庄稼地里"长"了出来。这种"土地股份合作社＋农业职业经理人＋农业综合服务"三位一体的"农业共营制"被写入2017年四川省委一号文件，农业职业经理人培养被写入2018年中央一号文件。

一、破解三大经营难题，农业共营制初显锋芒

2010年，随着隆兴镇黎坝村的共营制探索实践取得成功，土地股份合作社在崇州市迅速推广，带动农业职业经理人和农业综合服务等新型主体迅猛发展。

（一）推进土地股份合作，破解"谁来经营"难题。崇州市大力推进土地股份合作社建设，运用农村土地承包经营权确权颁证成果，按照"入社自愿、退社自由、利益共享、风险共担"原则，引导农户自愿以土地经营权折资入股，工商注册土地股份合作社。规范运营确保群众说了算。崇州市借鉴现代企业管理经验，公开竞聘农业职业经理人，形成"理事会＋职业经理人＋监事会"的运行机制：理事会代表社员决策种什么，农业职业经理人统一组织生产管理，负责怎样种、如何种，监事会代表全体成员监督理事会和农业职业经理人的工作。共同参与绑定利益联结。合作社生产成本按约定比例筹集，职业经理人按生产成本的30%左右缴纳质保金，合作社运用土地经营权抵押贷款筹集剩余生产成本。财政奖补资金形成的经营性资产股权量化到社员，增加农民财产性收入，以合作社为分配单元，分红方式灵活多样。其中，保底分红的方式最常见，社员每年得到保底收入，并按比例对剩余利润进行分红。

（二）推进职业经理人种田，破解"谁来种地"难题。崇州市主动适应新型经营主体发展需求，开展以农业职业经理人为重点的高素质农民培育，选择有志于农业经营管理的大中专毕业生、种养能手、返乡农民工、外出经商人员等作为培育对象，通过建立专家学

者、农技推广人员互为补充的教学师资队伍，培训生产经营型、专业技能型、社会服务型人才，构建形成"农业职业经理人＋高素质农民"专业化生产经营管理团队。健全管理机制，成立农业职业经理人评价委员会，建立农业职业经理人初、中、高级三级贯通的评定、管理、考核制度等，对符合条件的颁发相应等级证书。每两年对农业职业经理人的职业素养、业绩、诚信等情况进行考核，根据考核结果维持、提升或降低等级。凡出现农产品质量安全事件、违法违规、重大安全事件和失信等问题的，失去继续参加等级评价资格。构建完善的激励机制，制定出台职业经理人享受城镇职工养老保险补贴、信用贷款贴息扶持等办法，健全职业经理人产业、科技、金融等"全生命周期"扶持政策体系，成为全国首批高素质农民培育工程示范县。

（三）推进农业服务社会化，破解"谁来服务"难题。建立农业社会化服务体系，依托基层农业综合服务站，以片区建立农业服务超市，搭建农业技术咨询、农业劳务、全程机械化、田间运输、粮食代烘代贮、粮食银行等"一站式"全程农业生产服务平台，满足适度规模经营对耕、种、管、收、卖等环节多样化服务需求。配套农业金融服务，搭建"农贷通"农村金融综合服务平台，健全完善农村产权融资担保中心、农村产权交易服务中心、农村土地承包流转服务中心，完善农业农村投融资平台，探索实践农村产权抵押贷款、农业职业经理人信用贷款、农业产业风险互助、合作社社员资金互助，从制度上构建了农村金融服务体系。建立农业品牌服务体系，成立农业品牌管理委员会，从事农业品牌的策划规划、包装推介、政策扶持、指导监管，建立"品牌企业＋农业基地"的联接机制，实行从田间到餐桌的全程质量监管。

二、承载四大功能平台，农业共营制创新升级

2015年以来，针对农业科技创新动能不足、农业社会化服务专业程度不高、农村产业融合联农带农不紧密等问题，崇州市推动土地股份合作社以稳定的土地经营权再入股发展农业产业化经营，采取入股联营、折股联营、合伙联营等方式，组建"土地股份合作社＋农业产业化企业"产业化联合体，形成"独立法人＋总经理＋职业经理人＋合作社监督"运行机制，进一步优化配置资源要素，搭建服务全川的农业科技共享、农村社会化服务、天府好米运营联盟、农商文旅体融合四大平台，推动农业高质量发展。

（一）承载农业科技共享平台。崇州市以共营制为产业基础，联合中国农科院、四川农业大学、四川省农科院、西南大学等五院三校共建创新共同体、发展共同体和利益共同体，依托土地股份合作社，建成四川农业大学"两化"科技总部3000亩、成都市农林科学院科研基地700亩、长江中上游优质粮油中试熟化基地1000亩等，筛选出川种优3877等59个优质品种全省推广，推广工厂化育秧、稻田综合种养等技术40余项，成为国家现代农业专家服务基地，构建了"科研院校＋龙头企业＋应用场景"的科技成果项目化运营机制。

（二）承载农村社会化服务平台。基于农业共营制形成的稳定的农业生产经营体系，崇州市引进国际知名企业，建立农村社会化服务总部，以"种出好品质，卖出好价钱"为核心理念，帮助用粮企业制定产品标准、帮助经营主体制定技术方案，提供选种、配肥、植保、检测、收储等优质粮油"7+3"全产业链服务，辐射四川省14个市州、85万亩优质粮油基地。在农业共营制的生产经营基

础上，崇州市率先践行"用数字技术改造传统农业"发展理念，聚焦"全程机械化＋综合农事"，支持企业联合搭建"农机智慧云仓"平台；联合北斗卫星、中国气象，建成集农场管理、精准种植、数字运营、品控溯源等为一体的智慧农业系统；引进农业大数据知名企业，建成数据中心、交易结算中心、金融服务中心等"五大中心"为一体的西南总部。2020年崇州农机化率、信息化水平分别达93.9％、90.5％，成为全国首批基本实现主要农作物生产全程机械化示范市。

（三）承载天府好米运营平台。农业共营制为标准化、优质农产品打造提供了稳定的生产基地。基于此，崇州市引进多家线上线下平台，携手西昌、宣汉、五常等地粮油企业，组建天府好米运营联盟，创建"崇耕"农产品公共品牌，培育"小亭米""稻虾藕遇""天健君"等特色粮油品牌，实施"崇耕公共品牌＋企业自主品牌"双品牌战略，主导产业绿色食品、有机农产品认证面积达45.2万亩，推进崇州优质农产品入驻国内知名电商交易平台。成为国家农业综合标准化示范市，隆兴大米获得国家农产品地理标志登记保护。

（四）承载农商文旅体融合服务平台。联合中央美院、同济大学等6家高校、3家行业协会、60多名省级知名设计师，组建公园城市乡村表达泛设计联盟、农村党员教育学院和城乡发展研究院、川西林盘培训学院等，为全川16个农商文旅体融合发展项目提供"策投规建营"服务，面向全川全国培训乡村规划、文创、营销、设计等人才2万余人。2020年全市三次产业结构比由2013年的15.6∶48.7∶35.7转变为12.4∶47∶40.6，休闲农业与乡村旅游从业人员2.8万人，带动18.5万农民从中受益。

三、着眼生态价值转化，农业共营制拓展应用场景

近年来，随着农业共营制逐渐成熟，崇州市将多元主体"共建、共营、共享、多赢"的实践逻辑拓展应用到川西林盘开发和村庄经营中，推动林盘和村庄的生态资源转化成资产、资本、资金，带动区域增值、产业增效、农民增收。

（一）以多元消费场景构建为着力点，探索实践林盘共营制。基于农村宅基地"三权分置"改革，借鉴农业共营制经验，崇州市以全国农村闲置宅基地和闲置农房盘活利用试点为契机，支持农村集体经济组织及其成员采取自营、出租、托管、入股、合作、有偿退出等多种方式盘活利用农村闲置宅基地和闲置农房，形成基于宅基地使用权和农房财产权的利益共同体，引入专业化运营公司，探索"一个川西林盘催生一个规模以上服务企业"模式，推动社会资本下乡有钱赚、集体经济联营有发展、农村居民参与有收入。

（二）以农商文旅体融合发展为切口，探索实践村庄共营制。崇州市整合山水田林路湖等生产资源、生态资源、文化资源，按照"片区开发、整体招商、一体运营"理念，采取"特色镇＋川西林盘＋景区"融合发展模式，引入专业化运营公司（团队），构建"农村集体经济＋合伙人"运营机制，推动农商文旅体融合发展，引领产业升级、多元治理、人才引聚，打造功能复合、职住平衡、服务完善、生态宜居的乡村新业态，实现生态价值转化。截至2021年6月，片区开发建成天府国际慢城、竹艺村2个4A级景区，乌尤驿、严家弯湾等7个3A级林盘景区，2020年园区休闲农业与乡村旅游业接待游客533.5万人次、收入17.97亿元。

创建农业经营新机制　发挥要素集聚多功能

鸟瞰共营制下的川西林盘

值得一提的是，崇州市农业共营制的制度创新成效不仅体现在乡村产业发展中，还延伸至乡村文化和治理领域。农业共营制使广大农户重新建立起紧密的利益联结机制，克服了家庭分散经营造成的乡土互助传统和基层治理弱化问题，为乡村全面振兴奠定了良好基础。

专家点评

农业共营制是崇州市农业生产经营体制的重要创新，是为克服小农户生产经营困境的新探索，其核心是在土地股份合作社的基础上，借鉴现代企业制度，引入农业职业经理人，按照合约承担农业生产经营活动。在10余年的实践探索中，崇州市农业共营制不断发展，并在农业生产要素集聚和优化配置、推动农业产业升级，并最终形成现代农业生产体系、经营体系和产业体系中发挥重要作用。

农业共营制通过农民土地股份合作社在保障了土地经营决策权始终控制在农户手中的同时，破解了我国小农户分散生产的问题，最大限度地确保了农地农用，推动了土地集中连片和规模化生产，巩固了粮食生产的基础地位，建立了现代农业生产体系。农业共营制以农业职业经理人为关键纽带，实现了农业生产与经营的有机结合，破解了农村人才匮乏、农业后继无人的问题，并通过完善职业农民选育机制、管理机制、激励机制，吸引了一批大中专毕业生、返乡农民工成为农业职业经理人和职业农民，建立了现代农业经营体系。农业共营制促进了农业生产要素优化配置，通过建立多种形式的利益联结机制，推动了三次产业深度融合、城乡经济一体发展，形成了高质高效的现代农业产业体系。

巧手绣幸福　携手奔小康
——贵州省凯里市苗绣产业助力精准脱贫

红色、绿色、紫色、蓝色……一根根纤细的丝线，在平整的绣布上跃动，奏出一个个"动听的音符"。演奏这些"动人乐曲"的，是一群来自深山苗寨的普通绣娘。她们平时在家务农，农闲时则聚在一起接受培训，共同提升刺绣技艺。目前，精美的苗绣已经通过多种渠道进入市场，吸引了来自世界各地的知名品牌商，为苗寨绣娘创造更多的经济收入。而在几年前，这些精美的苗绣作品还"养在深闺人未识"，这些苗寨妇女也因文化程度低，就业困难，长期生活在贫困之中。据统计，贵州省凯里市从事刺绣的妇女约1.4万余人，其中18岁以上处于脱贫线以下的就占了一半。为了让这部分人脱贫致富，凯里市把苗绣产业发展作为文化产业扶贫的突破口，组织开展苗绣培训，提升产品质量，扩大市场份额，成功实现脱贫目标。

一、以技能培训为抓手，打造一支优秀绣娘队伍

苗绣是苗族同胞在千百年的历史长河中形成的独有艺术形式，也是第一批入选国家级非物质文化遗产名录的少数民族传统手工技

艺之一，称得上民族瑰宝。但不少地区的苗族妇女，却守着这个"宝贝"过着清贫的生活。为了用好苗绣这个"宝贝"，让农村妇女早日脱贫致富，凯里市积极挖掘传统文化资源，以脱贫为核心，以培训为抓手，以市场为目标，以合作社为落脚点，做大苗绣传统产业，在指尖上绣出一条产业致富的发展新路。

"授人以鱼，不如授人以渔"。从2015年开始，先后与中国宋庆龄基金会、联合国开发计划署达成合作，实施"女性幸福基金"苗绣村寨扶持项目、"指尖上的幸福"妇女经济发展赋权项目。这两个项目均以"提升绣娘刺绣水平，增加绣娘经济收入，带动家人增收致富"为宗旨，通过在贫困村寨组建绣娘刺绣合作社，采取村寨培训和集中培训相结合的方式进行。每次培训结束后对绣娘的作品进行晒、比、评，并按照一、二、三等奖分别颁发金额不等的奖金。没有获奖的绣娘，也有一定金额的鼓励。通过评比的方式，调动了绣娘参与培训的积极性。

为确保培训效果，让绣娘的技艺得到真正提高，项目聘请了多名省级苗绣大师担任培训顾问，毫无保留地将自己的技艺传授给绣娘。考虑到苗族村寨的少数民族妇女文化程度较低，市文产办还制作了凯里方言和苗语两个版本的苗绣视频教材。以打籽绣、双针绕线、破线绣的绣法为例，从制作绣片到画图打样、配色、针法等方面边教边实践，让绣娘们在培训的过程中更加直观、更易理解。

培训紧紧抓住企业订单这个"牛鼻子"，把培训跟市场需求相结合，在村寨培训中，多次邀请企业负责人到培训现场，向绣娘们讲解市场对绣片的要求，按照市场需求开展培训，确保了培训的针对性和实效性。在集中培训时，选择凯里当地的龙头企业作为培训

凯里市苗绣培训现场

场地，让绣娘们真切感受到市场的竞争和优胜劣汰的法则，从而树立市场优先的观念。除此以外，还通过中国宋庆龄基金会牵线搭桥，组织8名绣娘到上海参加为期一年的带薪学习培训。通过学习，绣娘们不仅开拓了眼界，提高了能力，同时也把苏绣与苗绣技艺融会贯通，做出了更精美的绣品。

在选择苗绣培训村寨方面，跳出行政区域的局限，把黄平县、雷山县、剑河县的一些村寨纳入培训范围。这一做法，不仅为当地苗族妇女脱贫致富助了一臂之力，而且有效地抢救了一些濒临失传的绣法。在凯里市季刀苗寨、雷山县猫猫河村等村寨流行的双针绕线绣，曾一度面临失传的危险，通过"女性幸福基金"村寨苗绣项目培训得到了传承和发展。如今，两个村寨70多名绣娘都学会了双针绕线绣，个别绣娘还将这种绣法创新，绣出的作品得到了大家的好评。

二、以传统技艺为载体，打造一个可持续发展的产业

凯里市凯棠镇梅香村是一个地理位置偏远的苗寨，寨子100多户人家世代以务农为生，2014年以前人均年收入不过1000多元。2015年10月，梅香村被纳入培训范围，成立了刺绣合作社，通过合作社把绣娘们组织起来参加技艺培训。经培训，妇女们的刺绣技能得到了极大提升，绣品也得到了市场的认可。项目实施至今，梅香村刺绣合作社累计接到企业订单金额达100余万元，绣娘们收入从三四千元到一万多元不等。当合作社订单多的时候，又将绣片分发给周边的苗寨制作，带动了周围村寨共同增收致富。

随着经济收入的增加，苗寨妇女们的家庭地位也明显提高。以往妇女们在家绣花，总会受到男人们的训斥，因为在家绣花不仅挣不到钱，而且还会耽误农事。现在男人们都鼓励女人去学习刺绣，不再让她们下地干活。男人观念的转变，不仅是对苗绣培训项目的认可，更是对扶贫工作成效的认可，也为项目的可持续发展和苗绣的传承奠定了坚实的基础。

为进一步夯实文化产业扶贫的成果，打造可持续发展的扶贫模式，凯里市多次在梅香村、塘寨村、岩寨村、季刀苗寨及雷山县猫猫河村等村寨组织开展暑期老少传承活动，邀请老手工艺人向少数民族青少年传授传统技能。五个村寨共有300多人次的青少年参加培训。值得一提的是季刀苗寨还有相当数量的男孩参与刺绣活动，打破了刺绣只在女孩中传承的固有思维。老少传承活动不仅给村寨儿童的暑期生活带去了许多欢乐，也显著提升了村里青少

年儿童对自身民族文化的认同感，有力推动了苗族刺绣的传承和保护。

三、以现代科技为翅膀，开拓一片广阔市场空间

要改变贫困，既要扶"志"，也要扶"智"。一方面，凯里市组织村寨绣娘们到苗妹非遗博物馆、阿科里绣娘合作社等成功企业参观，听取企业家们讲述创业的故事，用正能量感染绣娘，解决"志"的问题。另一方面，多渠道邀请苗绣大师授课，提升绣娘技艺。邀请联合国、商务部、贵州民族大学等单位的专家为绣娘们讲解国家在保护民族文化产业、发展电子商务等方面的政策，积极组织开展农村电商培训，解决"智"的问题。通过一系列组合动作，参加培训的绣娘视野更加开阔，思想和技能有了明显提升。一些绣娘开始利用手机、电脑等进行电商销售，取得了不俗的销售成绩。

随着打造特色文化产业扶贫模式的不断推进，苗绣培训的重点也从基础性培训向产品创意设计、创新思维等更高层次推进。杭州市西湖区是凯里市的对口帮扶城区，也是全国文化创意企业最集中的地方。为了用好这个资源，凯里市主动与西湖区联系，提出以杭绣带动苗绣的发展思路。2018年6月，凯里市组织了11个项目村寨的22名骨干绣娘走进西湖区文创龙头企业交流学习。绣娘们参观了西湖区内的文创龙头企业，看到了"互联网＋文化产品"的网络营销模式和让人耳目一新的文创产品。工艺品生产与流行科技的结合，让绣娘们惊呼"没有做不到，只有想不到"。这次交流学习让绣娘们看到了苗绣产品在文创设计方面与杭绣的差距，给绣娘们

带来了很大的启发。学习结束后,绣娘们陆续推出了刺绣二维码、苗绣笔记本、苗绣衬衫等原创作品,受到了大家的好评。

酒香也怕巷子深。为了让苗绣走出大山、走向市场,凯里市积极开拓国内外市场。在中国宋庆龄基金会的协助下,先后为项目村寨争取到了联合国开发计划署、法国爱马仕、法国欧莱雅、广东景兴集团、华语影视周组委会、法国《嘉人》杂志等组织和企业的订单,为增加绣娘收入、摆脱贫困助了一臂之力。

四、以苗绣脱贫为借鉴,兴起一片文化产业发展热潮

苗绣培训项目的实施,不仅有效提升了农村妇女刺绣技艺水平,增强了她们对生活的信心,也为凯里市文化产业扶贫积累了新的经验,为民族文化产业健康发展贡献了智慧。2015年以来,凯里市集中培训绣娘1000余人次,发放误工费、评发奖金百余万元;在4个项目村寨建设了"苗绣工坊",送去苗绣生产辅助设备缝纫机、熨烫机、复印机等硬件设备27台;争取企业订单一百余万元,为凯里市文化产业扶贫行动增添了浓墨重彩的一笔。2017年9月,中国宋庆龄基金会理事考察团到凯里调研苗绣扶贫项目,通过实地走访和数据对比,考察团对项目取得的成果赞叹不已。在考察团撰写的《中国宋庆龄基金会理事赴贵州调研精准扶贫项目情况报告》中这样描述凯里的经验:以"定点到村的方式有效实施精准扶贫""以生产性保护的方式传承了非遗""让文化传承与文化扶贫比翼齐飞,用文化资源的优势带动了生活水平的提高"。

"巧手绣幸福，携手奔小康"。如今，在项目培训村寨的示范带动下，凯里市众多农村地区兴起了苗绣培训的热潮。三棵树镇、凯棠镇、湾水镇、大风洞镇、开怀街道等地的部分村寨相继建立了刺绣合作社。凯里市将继续以项目为抓手，把推动文化产业发展与扶贫相结合，走出一条具有特色的文化产业扶贫之路，为实现脱贫攻坚与乡村振兴有机衔接再创新绩。

专家点评

脱贫攻坚贵在精准。苗绣是列入第一批国家级非物质文化遗产名录中的少数民族传统手工技艺，但长期以来，却"养在深闺人未识"，未能产生应有的经济效益。凯里市挖掘苗绣产业的发展潜力，把苗绣产业作为带动当地贫困人口脱贫致富的主要突破口。围绕苗绣，培训了一支队伍、打造了一个产业、开拓了一个市场、兴起了一片热潮，创造了文化产业扶贫的独特模式，带领苗族同胞绣出幸福、走向富裕。

凯里市借助苗绣产业，不仅带动绣娘脱贫致富，也为各地文化产业扶贫、发展与传承保护提供了经验参考。凯里市发展苗绣产业的经验表明，在市场经济条件下，文化发展离不开产业支撑，在产业发展的基础上，传统文化的传承与保护难题也迎刃而解。通过苗绣产业的发展，原本濒临失传的苗绣技艺得以复活，绣娘的收入提高了，苗寨的经济发展了，文化和经济相得益彰、共同发展的局面逐步形成。当然，苗绣产业的发展离不开多个渠道借来的"东风"，先后引进中国宋庆龄基金会、联合国开发计划署等机构的扶持与发展项目，充分利用对口支援、企业平台等资源组织开展培训、引进技术与产品创意、与国际知名品牌建立合作开辟国际市场等。在多方合力推动下，苗绣发展实现了新的飞跃。

把脱贫户嵌入产业链
塑造产业脱贫新模式
——陕西省宝鸡市产业脱贫的创新实践

宝鸡位于关中平原西部，地跨秦岭、关山、千山三大山系，辖3区9县和1个国家级高新技术产业开发区，总人口332.18万人。脱贫前，全市共有贫困村521个、建档立卡贫困人口54.5万人，其中70%以上的贫困村集中在北部乔山、南部秦岭和西部山区。这些地区山大沟深、地块零碎、交通不便，农业基础设施薄弱；产业规模小，集约化、组织化程度低，抗风险能力弱；产业链条不完善，产品单一化、低端化、同质化现象严重。为了使贫困群众摆脱贫困、稳定增收，宝鸡市牢牢抓住产业扶贫这一根本，在做大做强现代农业基础上，依托新型经营主体将贫困户嵌入现代农业发展各个环节，探索出"嵌入式"产业脱贫的经验，为老百姓搭建起增收平台。

一、多维并进，探索产业脱贫的"嵌入"实践

所谓"嵌入式"产业脱贫，即依托贫困户资产（土地）、劳动力及政策红利等资源，将不同类型的贫困户经过设施改造、技能提升，嵌入现代农业发展，实现贫困户稳定增收、脱贫不返贫。

（一）发展特色产业，做大"嵌入"主板。在脱贫攻坚中，宝鸡

市将全市 60% 以上的专项扶贫资金用于产业发展，把贫困县、贫困村、贫困户嵌入以渭北塬区苹果、秦岭北麓猕猴桃为主的果业，以千阳县、陇县为核心的奶山羊，以川塬为重点的设施农业，以南北二山、西部山区为引领的高山有机蔬菜、中蜂、中药材等的特色产业四大板块，聚力打造"一县一业""一镇一特""一村一品"的产业格局。目前，全市已建成渭北塬区百万亩优质苹果产业带、秦岭北麓 60 万亩优质猕猴桃产业带、百万只奶山羊产业基地，形成特色明显、规模集中、链条完整的优势产业"主板"，带动全市 521 个贫困村发展特色产业，13.75 万贫困户均有中长线增收产业，实现了贫困户和现代农业发展有机衔接。

（二）推进三产融合，搭建"嵌入"端口。宝鸡市聚集产业要素，延伸产业链条，搭建贫困户与优势"主板"之间多元"线路"。一是培育产业基地。将贫困户嵌入区域产业板块，为贫困群众开辟产业路径。全市建成 434 个"嵌入式"产业脱贫示范基地，直接带动 3.2 万贫困户，辐射带动 13 个县区的 98 个镇、543 个村发展产业。二是建设加工园区。通过实施"十园百企千亿"工程，带动贫困村、贫困户建设农产品生产基地，参与加工销售等环节，为农产品转化和贫困群众就地就近就业开辟路径。全市建成陇县羊乳品、千阳果汁、扶风烘焙食品等 7 个贫困地区农产品加工园区，带动吸纳贫困户 3.43 万人。三是发展乡村服务业。围绕休闲农业、乡村旅游、农产品销售等领域，发展休闲度假、旅游观光、农耕体验为一体的新业态，为乡村产业全链条、多业态发展、多环节增收开辟路径。通过发展农旅融合产业，带动 60 个贫困村 4745 户 16628 名贫困群众脱贫，人均年收入达到 2.2 万元以上。

（三）培育新型主体，集成"嵌入"模块。宝鸡市以提高贫困

把脱贫户嵌入产业链　塑造产业脱贫新模式

宝鸡市某矮砧苹果基地

户组织化程度为方向，着力构建以农户为基础、新型经营主体为骨干、龙头企业为引领的经营体系。通过采取"正向激励、反向加压"的方式，将新型农业经营主体带贫益贫作为评优创先、政策扶持、项目支持的前置条件，引导龙头企业、合作组织、家庭农场等向贫困地区聚集。全市198个龙头企业、1062个合作社、208个农业园区，通过利益联结机制与6.29万贫困户建立了稳定的产业带动关系，农民在产业链发展中尝到了甜头，获得了成就感，增强了发展动力。

（四）强化品牌营销，提升"嵌入"功效。宝鸡市依托贫困地区良好的自然生态环境，加大"三品一标"认证力度，在贫困地区认证无公害生产基地102个、绿色农产品38个、有机农产品41个，5个贫困县全部通过无公害整县环评，培育形成了"宝鸡蜂蜜""太白高山蔬菜""陇县羊乳品"等品牌，贫困地区农产品品牌知名度显著提升。同时，宝鸡市定期举办农特产品助力脱贫攻坚推介会，在国内大中城市和印度、阿联酋等10多个国家开设直营直销店50多个，举办扶贫农产品营销专场会100多场次，在天猫、京东、苏宁易购开设宝鸡馆，在293个贫困村建立电商服务站点，统筹利用国内国际两个市场、线上线下两个平台促进农产品销售。

（五）建立保障机制，稳定"嵌入"系统。宝鸡市着力构建技术有人教、风险有人管、销售有人帮、资金有人供、发展有人带的产业帮扶体系。技术帮扶方面，组建市县农业技术服务专家团，搭建产业脱贫技术服务110平台，点对点开展技术帮扶；风险防控方面，及时发布市场需求和自然灾害预警信息，指导贫困户合理调整生产结构、种养规模，加大政策性保险覆盖面，规避产业风险；营销带动方面，引导贫困村与农产品购销企业签订农产品产销合同，实施扶贫认购和定向消费，确保农产品产得出、卖得好；资金扶持方面，充分利用金融小额信贷、互助资金协会和集体组织等资金，为群众发展产业提供资金支持；组织保障方面，积极发挥村集体经济组织在组织生产、服务群众中的作用，提升运营水平，稳定带动贫困群众增收致富。

二、多方联动，共建特色产业"嵌入"机制

"嵌入式"产业脱贫的核心是利益联结，必须依托当地特色资源，遵循市场规律，构建起土地租赁、入股分红、订单生产、务工就业等多元利益纽带，将经营主体与贫困户有效联动，实现互利共赢。

（一）"分户生产、订单收购"的自主发展型。针对有意愿、有条件、有基础、有能力的贫困户，宝鸡市通过资金扶持、设施改造、

技能提升、搭建营销平台等方式，引导贫困户自主生产或与经营主体签订农产品购销合同，实行"市场价＋一定比例上浮"等保护价收购，确保产品优价顺销。眉县大力发展猕猴桃产业，建基地、创品牌、促营销，指导农户科学化栽果建园、标准化生产，农户通过线上销售或线下与新型经营主体签订购销合同获得收益。全县70%以上的贫困户通过发展猕猴桃产业实现稳定脱贫增收。

（二）"统一流转、整体规划"的合作共建型。针对有劳力、缺资金、缺技能的贫困户，通过经营主体统一租赁土地、整体规划建园、免费返包到户等方式，为其提供生产资料、技术培训、销售渠道，使贫困户零投入、零风险融入产业发展。如陇县佳元香菇专业合作社流转土地300亩，建成500座食用菌大棚及配套设施，通过"三免一借两保"（企业免费提供生产菌棚、技术培训等基础设施，按每棚8000个的标准借给贫困户菌袋，出菇后保底价回收），将108个大棚返包给30户贫困户经营，每棚年收益1.6万元。同时，带动120户贫困户通过入股分红，86户贫困户流转土地，37户贫困户长期务工"嵌入"食用菌产业，帮助贫困户多渠道增收。

（三）"入股分红、托管服务"的企业搭载型。针对有资产资源、发展条件受限的贫困户，宝鸡市鼓励以土地等资源经营权、自有设施设备、财政扶贫到户资金、扶贫小额信贷资金以及折股量化到户的集体资源、资产、资金等入股经营主体；或由经营主体代种代养，按期享受分红收益，增加财产性收入，通过入园务工增加工资性收入。如千阳县指导45个村将1.34亿元扶贫资金搭载到24个农业产业化龙头企业和36个农民专业合作社，带动全县8026个贫困户户均增收2000元以上。

（四）"互帮互助、抱团发展"的组织带动型。针对劳动能力弱的贫困户，宝鸡市采取"信息共享、劳力互助、技术互学、销售互带"方式，由能人大户、乡土人才带动，互帮互带、互学互助，共同生产经营，共享产业收益。鼓励贫困村集体经济组织利用财政扶贫资金实施农业产业化项目，盘活资源资产，发展增收产业，壮大集体经济，带动贫困户增收。如麟游县组建183个"十户一体"产业脱贫互助组，使1896户5688人有了稳定的中长期产业收益。

三、多向发力，分享特色产业"嵌入"成果

"嵌入式"产业脱贫把产业脱贫融入现代农业发展，板块化推进，解决了产业弱、小、散的问题，攻克了带贫能力弱的问题，缓解了贫困户与经营主体联结不紧密的问题，有效巩固了脱贫攻坚成果，推动了脱贫攻坚与乡村振兴有效衔接。

（一）贫困户产业就业收入稳定增加。通过实施"嵌入式"产业脱贫，宝鸡市5个贫困县全部脱贫摘帽，521个贫困村全部退出，54.5万贫困人口全部脱贫。脱贫群众产业就业增收占比达到85%以上，较2014年增加10个百分点；5个贫困县农村居民人均可支配收入12889元，增幅高于全市平均水平。如陇县曹家湾镇流渠村贫困户赵某，全家5口人，以前主要靠传统种养维持生活，脱贫攻坚以来，他在流渠佳元香菇扶贫基地的带动下，"嵌入"食用菌产业，有了稳定的产业和就业收入，2019年通过销售食用菌、土地流转、入股分红、园区务工等方式，收入达到60875元。

（二）贫困地区产业实现转型升级。"嵌入式"产业脱贫，通过规划引领、政策支持、项目带动等方式，将贫困地区"嵌入"全市现代农业发展整体布局，举全市之力攻克贫困地区产业短板，产业组织

化、规模化、标准化程度明显加快,产业链条不断延伸,产业品牌越来越亮,产业效益明显提升。如陇县被国际山羊协会命名为"世界生态羊乳名城",千阳县成为中国矮砧苹果苗木之乡,太白县高山蔬菜成为全省最大的高山补淡蔬菜生产基地。全市建成的7个农产品加工园区有4个在贫困县区,促进了贫困县产业转型升级。

(三)贫困村集体经济发展壮大。在健全完善的产业机制下,宝鸡市农村集体经济快速发展壮大。521个贫困村全面完成农村集体产权制度改革,均成立集体经济组织,并依靠产业项目、资源资产等途径和方式发展壮大,全市70%以上的贫困村有了集体收益,大大提升了村集体的发展后劲,增强了农民的获得感和幸福感。如千阳县53个贫困村的集体收益全部达到5万元以上,其中50万元以上3个,100万元以上1个,带动了贫困群众持续稳定增收。

(四)农民实现华丽转身。通过自主发展、合作共建、企业搭载、组织带动等"嵌入"形式,贫困群众由传统农民转变为产业工人、种养能手、职业农民、股东股民,综合素质普遍提升。如千阳县南寨镇千塬村吕先生因老伴患病去世早,独自抚养3个孩子,是村里有名的贫困户。脱贫攻坚以来,他在国家政策的支持下,参加西瓜种植技术免费培训,当年净收入1万多元。如今他已建起西瓜育苗大棚,成为当地有名的土专家,还免费为邻村群众提供技术指导,带领大家一起发家致富。

专家点评

习近平总书记指出,发展产业是实现脱贫的根本之策。

随着乡村振兴战略的全面实施,"三农"工作重心进入加快农业农村现代化的新阶段。为了培育发展产业内生动能,陕西省宝鸡市将产业"主板"、多元"端口"、合作"模块"、品牌"功效"、保障"系统"有机融合,搭建起动态立体式产业发展长效机制,为巩固拓展脱贫攻坚成果同乡村振兴有效衔接奠定基础。

因地制宜,精选优势产业。产业选择需要在遵循农业发展规律基础上综合考虑市场前景、回报周期等因素。宝鸡市坚持以市场为导向,精准布局,做到长短结合、多产联动,构建起地方特色强、产品质量优、增长潜力大的优势产业集群。多主体联动,打开市场渠道。为了让农民在全产业链上实现增收,宝鸡市通过"分户生产、订单收购"的自主发展,"统一流转、整体规划"的合作共建,"入股分红、托管服务"的企业搭载,"互帮互助、抱团发展"的组织带动,将主体资源和功能优势有效联结,形成配套镶嵌的产业发展长效机制。培育内生动能,实现稳定衔接。为了让脱贫群众稳得住、走得远,宝鸡市以资金、技术、市场等为突破口,搭建一户一策的产业帮扶模式,扭转被动式的发展困境,真正实现蜕变。

生态宜居

保护与开发并举　生态与发展共赢
——吉林省敦化市大蒲柴河村党建引领生态强村的实践

大蒲柴河村坐落在吉林省延边朝鲜族自治州敦化市最南端大蒲柴河镇，常住人口385户1380人，耕地面积6300亩，森林覆盖率达到93%，村民人均年收入达到2.1万元。该村历史悠久，据史料记载，早在新石器时代晚期，此地便有人类生息，境内留存有尖山子古部落、石人沟古墓群、马圈子古城等遗址遗迹，民居建筑具有长白山地区的独特风格，2016年被评为第四批中国传统村落。但由于地处边远，又是山区，大蒲柴河村曾困惑于产业的发展方向，经过内部反复探讨和外部咨询，最终决定立足生态保护、坚持绿色发展、利用生态优势，走生态振兴路线，希望在传承中实现传统村落的新时代振兴。

一、规划与设计先行，坚持生态保护优先

大蒲柴河村深入贯彻落实习近平总书记"绿水青山就是金山银山"理念，全力抓好生态保护，积极主动聚焦面临的老难题和新挑战，科学应变、主动求变，让绿色发展成为乡村振兴的主旋律，让老百姓"望得见山、看得见水、记得住乡愁"。

（一）强化高位推动。坚持生态立村，委托城市建设规划公司编

制《大蒲柴河村传统村落保护发展规划（2016—2030）》和知名专家担任驻村指导，发动村民全程参与规划编制实施，对规划"说得上、看得懂、用得了"。以大蒲柴河村总体规划为抓手，规范水资源、农业资源、林业资源、旅游资源的开发管理，统筹推进自然资源利用和生态环境保护。突出项目带动作用，紧盯生态环境保护工作重点难点问题，建设湿地保护、水源地保护、野生动植物繁殖等有利于生态修复和改善区域小环境的重点项目，实现了生态环境的可持续发展。

（二）强化精准定位。紧扣"大蒲柴河生态兴梦"主题，系统推进"四美三宜二园"，即规划科学布局美、村容整洁环境美、创业增收生活美、乡风文明身心美，宜居宜业宜游的农民幸福家园、市民休闲乐园。守护乡愁留住根，一张蓝图，从容运笔，在系统梳理自然及文化本底的基础上，统筹规划村庄生态、生产、生活"三生"空间。坚持"五不一留"原则，不搞大拆大建，不求千篇一律，不搞一个模式，不破坏自然风貌，不用城市标准和方式建设农村，留住"田味、野味、农味"，让农村更像农村，系统守护绿色空间。

（三）强化理念引领。按照"保护为主、兼顾发展，尊重自然、活态传承，符合实际、农民主体"基本理念，加强生态教育，引领村民认识本土自然系统和文化景观的价值，增强对脚下土地的归属感和认同感，让村民更加体会到绿水青山就是金山银山，认识到在保护中利用自然才是乡村振兴的长久之计。随着基础设施不断完善，富有地方特色的传统村容村貌得到修缮，受雨涝之困的村道成为拥有流水景观的美丽街道，实现了生态保护与经济发展的互利双赢。

二、保护与开发并举，人与自然和谐共生

乡村美不美，既要看"颜值"，更要看"气质"。围绕"打造优美生态环境、弘扬悠久传统文化、营造休闲生活方式"目标，大蒲柴河村把外在的"面子"和内在的"里子"有机地结合起来，全面提升村庄的整体"气质"，走出一条诗意栖居、生态优农、人与自然和谐发展的道路。

（一）重拾传统农业智慧。大蒲柴河村地理位置偏僻，属于3类气候区，耕地少，人口稀。近年来，该村通过休耕、轮作和秸秆粉碎还田免耕栽培等措施不断恢复地力；采用农民田间学校模式，加强农技人员培训，立足本地优势和主导产业，重点教授和推广化肥减量增效、病虫害绿色防控等先进技术，确保作物的绿色安全，主要农作物良种覆盖率达到98%；充分发挥农业空间的复合功能，同期建设蜜蜂养殖场等，"以种带养，以养促种"，保护与恢复了健康的农田生态系统。

（二）打造生态文化产品。大蒲柴河村在继承的基础上，创新利用长白山文化、渤海国文化、靺鞨文化、农耕渔猎文化，建设传统村落展示馆，展示大蒲柴河村传统村落整体历史、生态、文化等价值，做到讲好一个故事，带动一方百姓，让土味乡村融入艺术气息，着力培育和打造具有满族文化风情的旅游名村。同时合理利用自然生态和历史文化优势，把现有的传统村落作为生态产品、特色农产品、非物质文化的展示与体验基地，有效带动当地旅游产业发展，而经济收入又为维护传统村落生态保护提供基本资金支持，进而形成良性循环。

（三）坚持生态有机延伸。大蒲柴河村以生态文明为抓手，依托丰富优质的自然生态资源，将原住民的生活状态转变为旅游资源，游人可以在这里观看村民制作泡菜、打糕，购买手工艺品，体验原汁原味的农村生活。如今，以往农家乐粗放的管理模式得到改善，在餐饮接待产品供应上，逐渐形成"一户一菜""一户一景"发展模式。近几年，当地以生态资源和特色美食为依托，连续举办了三届特色食材文化节，接待游客10余万人，户均年增收1万元，其中以延边州非物质文化遗产蝲蛄豆腐和雪蛤炖土豆为代表的特色美食深受游客喜爱。

大蒲柴河村传统村落展示馆

在一户农家乐中，一对夫妻正忙着为17位市里游客准备蝲蛄豆腐。他信心满满地说："村里借着得天独厚的生态资源优势已经把戏台子搭起来了，我们村民就要把戏唱好，而不是当围观者、旁观者。"近5年来，经村民自发修缮与改造的民居数量大幅增加，2015年仅有10幢，2020年已达254幢。

三、支部与村民齐心，乡村面貌焕然一新

俯瞰大蒲柴河村，道路平坦、绿化精致、房屋整齐、院墙统一、水渠蜿蜒。村里以农村人居环境整治为切入点推动乡村生态振兴，坚持"洁、齐、绿、美、景、韵"六字标准，按照"一户一图"整治要求，全力实现"户户干净、家家整洁"。

（一）发挥党建引领作用。村党支部牢固树立"党建+"的理念，坚持红色引领、凝心聚力，充分发挥"一个党支部一座堡垒、一名党员一面旗帜"的作用。在人居环境整治工作中，大蒲柴河村要求所有党员干部、村民代表、入党积极分子的自家卫生必须达到干净人家以上标准，且定期开展党员义工活动，发挥模范带头作用。制定《大蒲柴河村村民自治治理制度》，实施"一户一档"精细化管理，将村民资质评定和农户利益直接挂钩，起到了良好的正向激励作用，全村卫生合格率达90%以上，建成花园式村庄，实现了美丽乡村提档升级。

（二）完善生态基础设施。以共建共治共享为主线，全面实施农村环境综合整治工程。通过村里向镇政府申报、镇政府向市政府请示、市政府积极向省级环保部门争取资金，大蒲柴河镇在全市率先建立污水处理厂、净水厂，实现雨污分离排放达标，饮用水安全放心。大蒲柴河村的生活污水能够通过建筑内的排水管线汇集后排至风景区污水处理站处理，达标后直接排入富尔河内。按照"户分类、村收集、镇转运、市处理"的垃圾处理模式，生活垃圾经收集后送往城市垃圾场统一进行处理，建立健全环境保护长效机制。

（三）发挥村民主体作用。大蒲柴河村通过组织开展"小手拉大手""美丽庭院、干净人家"等活动，引导村民从家庭做起，从自

身做起，从一点一滴做起，改变生产生活陋习，努力达到庭院美、室内美、景色美、生活美、村庄美的"五美"目标和庭院净、居家净、厕所净、畜舍净、仪表净的"五净"要求。"我们党的政策越来越好，这两年村里真是大变样，平坦的村路通往家家户户，路边环境干净整洁，住在村里心情也更好了，儿子要接我进城我都不愿意去！"对家乡的点滴变化，村民赞不绝口。

四、生态与经济共赢，传统村落奔向振兴

小桥、流水、人家，鸡鸣、犬吠、田园……行走在敦化南部这个小村庄，缓步观景的游客与忙于农事的村民时常会邂逅于村头巷尾，"人在画中走，画在景中游"。大蒲柴河村坚持向绿色转型要出路、向生态产业要动力，以绿色思维推动农业现代化，实现产村融合，谋求绿富共赢。

（一）做优绿色经济。说一千道一万，增加农民收入是关键。大蒲柴河村深入贯彻"两山"理念，按照把农田打造成一道美丽风景、把农业培育成最美产业的思路，变"种种砍砍"为"走走看看"，变"卖山林"为"卖生态"，走出了一条"美丽生财"的好路子。当地尤其注重特色农副产品的开发，大力发展农事体验、农家乐民宿、健康养生等新业态，"乡村变景区、农房变民宿、院坝变花园、厨房变餐厅、农民变房东"。老百姓将自己家打造成为特色民宿，旅游旺季的民宿入住率达到了80%以上。

（二）做大新兴产业。树立在发展中解决环境问题的理念，切实解决关系民生的突出环境问题。积极引进生物质能有限公司，对废弃木耳菌袋采取直接还田、生产有机肥料等有效手段，初步形成

了"黑木耳增产增收、废弃菌袋回收利用、农业循环发展"的绿色发展模式，经济得到发展的同时，极大解决了废弃菌袋污染环境的问题。引进生物技术有限公司投资建厂，致力打造集木耳生产、精深加工、销售一体的成熟产业链，实现经济效益和生态效益相统一。每年可带动就业千余人次，2020年农民人均增收4890元，常住人口较2015年增加了28%。

（三）做精传统农业。林下经济产业一头连着百姓富，一头连着生态美。大蒲柴河村拥有薇菜、蕨菜、马蹄叶、刺老芽等30余个山野菜品种，山野菜人工培育项目正在有序推进。村里将马蹄叶种植基地打造为视觉美丽、体验美妙、内涵美好的田园景点，现在的马蹄叶实现了"一叶三卖"，春季卖体验，夏季卖叶子，一年四季卖文化，实现了"青山变金山""叶子变票子"。"自从跟着村里一起搞林业经济，一家人从靠天吃饭，给别人打工，摇身一变成了年收入10万元的富裕户。"说起现在的好日子，一位村民嘴角掩不住笑意。2020年大蒲柴河村常住人口年均收入较2015年提高了71%。

"十四五"时期，"三农"工作重心实现了历史性转移。新起点、新征程，乡村全面振兴离不开集体的智慧、离不开群众的参与、离不开思想的转变。今后，大蒲柴河将坚持绿色引领、生态立村，攻坚克难、久久为功，相信一定会让农民过上环境美、产业美、精神美、生态美的幸福生活。

专家点评

俗话说，靠山吃山，靠水吃水，但想要持久有山可靠、有水可吃，就必须坚持"绿水青山就是金山银山"的绿色发展理念，将青山绿水作为长远发展的最大本钱，将生态优势变成经济优势、发展优势。大蒲柴河村坚持在生态振兴中寻找发展机遇，无论是开发的"土味"原生态绿色产品，还是发展的低碳循环经济，都同时兼顾了低碳环保、经济发展和民生改善，比较有效地协调了保护与开发，形成互相促进的良性循环。

环境具有公共产品属性，仅凭市场推动和群众自觉很难达到预期的建设效果。大蒲柴河村以党建为引领，充分发挥基层党组织的战斗堡垒作用和共产党员先锋模范作用，率先垂范、凝心聚力，让可持续发展理念和生态保护意识深入人心，引导所有成员形成了走生态振兴道路的共识。此外，大蒲柴河村坚持谋定后动、规划先行，委托专业机构撰写规划文稿，聘请知名专家担任驻村指导，发动村民全程参与，保证规划内容上接天线、下连地气，确保了建设项目看得懂、用得了。

大蒲柴河村以生态立村，以绿色发展引领乡村振兴，取得了明显成效，成为享受到生态红利的获益者之一。希望在接下来的振兴之路上，大蒲柴河村能够继续奋勇争先，探索出更多的生态发展新模式。

践行"两山"理念　诠释醉美乡村
——浙江省安吉县余村的"两山"之路

　　余村，位于浙江省安吉县天荒坪镇西侧，因地处天目山余脉而得名，曾是一个名不见经传的小山村。20世纪末，为了生存与发展，余村走上了"靠山吃山"的路子，炸山开矿办厂，发展很快，但环境也变得越来越差。村民们回忆说，当时灰尘遮天蔽日，水泥厂、石灰厂冒出的黑烟似乌云翻滚，空气中散发的刺鼻怪味令人窒息。

　　2005年8月15日，时任浙江省委书记习近平走进余村，首次发表了"绿水青山就是金山银山"的科学论断。在"两山"理念的指引下，余村人大念"山水经"，关停矿山、关闭工厂、修复环境，发展乡村旅游。如今的余村，已成为国家4A级景区，280户农户镶嵌在4.86平方公里的青山绿水间，1050名村民劳作在景区里，生活在图画中，如世外乐园。

　　川流不息的游客来余村后感悟不一。有人说，余村是一首壮丽的诗篇，依山而建、鳞次栉比的别墅就像平平仄仄的韵律，铿锵激昂，意味深长；有人说，余村是一幅美丽的图画，山山水水、竹海茶园的风景就像油和墨，典雅高贵，朴素自然；还有人说，余村是一首动听的歌曲，逶迤蜿蜒、红蓝相间的绿道就像词和句，赏心悦目，分外妖娆……如今，在"两山"之路上余村人越走越有信心。

一、坚持生态发展，找回绿水青山

余村山里分布着优质的石灰石资源。20世纪七八十年代，余村人开始大力发展矿山经济，采石矿、造水泥、烧石灰……这里一度成为安吉县规模最大的石灰石开采区。全村200多户村民，一半以上家庭有人在矿区务工。矿山给余村每年带来300多万元净利润，余村成为全县响当当的富裕村。

但与余村矿山经济结伴而来的是土地裸露、满山"疤痕"、水土流失、扬尘四起、黑雾冲天、树叶蒙尘、粉尘蔽日，连生命力顽强的竹笋也连年减产，余村人甚至无法呼吸到一口干净的空气。恶劣的生态环境，使所谓的矿山经济到了难以为继的地步。

2003年，浙江成为全国第5个生态建设试点省。安吉随之作出了建设全国第一个生态县的规划。余村走到了十字路口。一面是每年300多万元的效益，一面是绿色发展的企盼，如何抉择？面对全村人的犹豫，村党支部决定用大事项集体决策的制度，请村民选择。关停矿山、工厂的决定最终以微弱优势通过。过程虽然艰难，但余村人已经痛下决心寻回遗失的绿水青山。当时支柱产业关停，村集体收入瞬间锐减至20万元，曾经多年的排头兵垫了底，村民没了收入来源，纷纷外出打工，埋怨和质疑声四起。恰在此时，习近平总书记"绿水青山就是金山银山"的科学论断为还在彷徨中的余村人注入了强心剂。余村人下决心封山护水。

2008年，余村在全县率先开展美丽乡村建设，重新编制村规划，把全村划分成生态旅游区、美丽宜居区和田园观光区3个区块，投资建设荷花山景区，并于当年被评为首批精品村。

2012年，余村大力开展以"三改一拆、四边三化、五水共治"为主要内容的区域环境综合整治，关停一大批低小散竹制品加工企业，全面改造老厂区、旧农房、破围墙，全力整治违章建筑和违法用地，完成山塘水库修复、生态河道建设、节点景观改造和沿线坟墓搬迁，推进垃圾不落地与分类管理、截污纳管全覆盖，推行环境卫生大物业长效管理，实现了"寸山青、滴水净、无违建、零污染、靓美景"。

十余年的坚持，余村变靓了。这里青山环绕，漫山翠竹，小溪潺潺，鸟语花香。

二、发展美丽经济，换回金山银山

绿水青山回来了，余村人开始发展美丽经济，把绿水青山转化成农民的金山银山。在美丽经济的打造下，2020年余村集体经济收入达到724万元，农民人均可支配收入达到55680元。

（一）"卖风景"。余村完成全县首批"农家乐服务中心"接待点建设，开创民办旅游之先河。村集体投入400多万元，成功开发龙庆园旅游景点，逐步形成河道漂流、户外拓展、休闲会务、登山垂钓、果蔬采摘、农事体验的休闲旅游产业链，荷花山景区、千年银杏树、葡萄采摘园、水上漂流、农家乐声名鹊起，吸引了不少游客前来休闲度假。2015年开始，余村完成了村庄环境提升等一系列工作后，开始探索"村景合一、全域经营、景区运作"的乡村旅游发展模式，完成了国家4A级景区创建，休闲旅游经济蓬勃兴盛，打响了生态旅游、绿色休闲、藏富于民的特色品牌，成为全省闻名的特色农家乐集聚区和精品民宿集群，开辟了美丽环境向美丽经济多元转化的渠道。目前全村从事旅游休闲产业的农户50余家，床位

500 余张，2020 年接待游客 90 万人次，旅游总收入达到 3500 万元，带动农民人均年增收 5000 多元。

（二）"卖文化"。以创建国家 5A 级旅游景区为载体，余村"两山"转化的通道不断拓宽，旅游＋品质农业、文化创意、乡村研学、教育培训、健康养生、生态影视、体育赛事等新业态、新元素、新产品竞相涌现，金宝农庄、荷花山漂流等项目加快提质升级。

（三）"卖品牌"。余村借助"两山"品牌，打造了矿山遗址公园，展示"两山"变化。建成了"绿色发展"展示馆，集中展示当年习近平同志发表"绿水青山就是金山银山"科学论断的珍贵影像资料。余村还成立了全国一流的美丽乡村研学推广中心，结合旅游＋农业、旅游＋文化、旅游＋互联网、旅游＋研学等新兴业态，全面立体地呈现生态文明教育的鲜活样本，深入具体地展现绿色发展理念传播的生动案例。

三、提升治理效能，巩固"两山"成果

比山水更美的是人的心灵，比金山银山更富的是人的精神。余村人在经济发展的同时尤其注重治理，这也为走好"两山"路奠定了坚实基础。余村的做法可归纳为"四用"。

（一）用"四化"机制锻造村班子。农村要进步，关键看干部，乡村治理离不开党的坚强领导。余村始终抓住党员队伍牢牢不放，做到党建责任刚性化、党性锻炼常态化、纪律要求明确化、示范带头标杆化，切实发挥好党员干部示范带头作用。党建责任刚性化，即村党支部书记作为党建第一责任人，确定"三张清单一张表"，逐件抓好落实，接受监督。党性锻炼常态化，即每月 25 日开展"生

态主题党日活动",通过"学、议、做、评、带"五步法锻炼党性。纪律要求明确化,即引导党员在长处中找短处,在补短中找先进,在常态中守底线。示范带头标杆化,即在村党建广场建立"党员树",每位党员亮身份、亮承诺,通过挂牌亮相,以自身的模范作用带动和影响周边群众。

(二)用"四会"组织助推村级事务自治。2017年余村创新发起成立了"两山"议事会,即包含村民议事会、道德评议会、健康生活会、红白理事会,统筹负责村民生产生活行为管理与监督,探索出一套"自主提事、按需议事、约请参事、民主评事、跟踪监事"的议事机制。其中,村民议事会主要是邀请村里退居二线的老村干部定期不定期来村指导,或现任村"两委"等定期不定期走进老干部家中走访座谈,请他们对村里的重大工作、重大决策提出意见建议。通过请进来、走出去等形式,加大村级事务决策和执行的科学性和可操作性。道德评议会主要是邀请村里8个村民小组中德高望重的乡贤、能人、代表等,参与村里的各项考核考评,赋予他们更高的打分权重,并由他们带头开展文明乡风的劝导和引领工作。健康生活会(原为禁毒禁赌会)由每个村民小组的妇女队长组成,充分发挥妇女半边天的作用,重点开展文体、健康、宣讲、垃圾分类、垃圾不落地等活动。红白理事会由每个村民小组长担任该队农户红白喜事的总务,在担任总务的同时,做好"双禁"(禁止销售、燃放烟花爆竹)劝导、节俭办事、酒水减负等移风易俗工作。余村是湖州市农村成功推行全面禁售禁放烟花爆竹的第一个村,在如何做好"双禁"上,当初红白理事会铆足了劲,持续不断走访和征求意见,大年三十还进组入户拉家常、做工作,理事会成员更是作表率立标杆,最终得到了村民广泛支持,并成功实现整个村域内烟花爆竹禁燃禁放。"四会"组织作为民主议事的常态化机制,大大提高了民主决策的质量,增强了群众的参与积极性。

(三)用法律武器建设法治村。余村历来重视普法教育,通过建设法治文化广场,开展寓教于乐的法治文化活动,引导群众自觉学法、知法、守法、用法。1974年余村就有了村办企业,当时开展对外经济活动时,余村人发现很多合同、协议如有专业的法律顾问把关,可以避免很多不必要的纠纷和麻烦,因此余村是全国较早聘请法律顾问的村庄之一。到后来,余村人的法治思想逐渐从经济领域延伸到村庄事务管理、村民矛盾调处等方面。过去村里的法律问题大多是婚姻关系、邻里纠纷,现在更多的是旅游纠纷、知识产权保护,这说明村民的法律意识大大增强了。余村还成立了矛盾调解委员会,近年来余村的矛盾纠纷调解率和调解成功率均达到100%。

(四)用文明新风践行价值观。进入余村,随处可以感受到扑面而来的文明新风和崇德向善的浓厚氛围。在民主协商的基础上,余村制订了村规民约20条,还形成了家家户户立家规家训、亮家规家训的一道独特风景。现在全村每户人家都根据各自家风制订了家规,并以竹匾或书法作品形式悬挂在家里的醒目位置,提醒每一位成员时刻谨守家规家训、弘扬美好家风。近年来,村里还通过开展星级文明户、美丽家庭和"最美"系列评选等活动,形成了学身边好人、做荣誉村民、当道德模范的浓厚氛围。

四、示范聚合力,宏图展未来

近20年来,从开山挖矿、四处污染,到竹海延绵、百姓富足,

安吉县余村"两山"纪念碑

生态理念始终贯穿余村。现在天荒坪镇统筹余村和周边村，打造余村示范区，构建"1+1+4"协同发展机制，推进余村同周边村庄的产业互补、联动发展。"1+1+4"即将余村、天荒坪镇镇区以及周边的山河、银坑、马吉、横路资源整合，投入资金、土地等要素，再将之后所得收入进行分红，最终实现各村抱团发展、共建共享，避免重复投入、重复建设、资源浪费。

余村人民将牢记习近平总书记的嘱托，坚定不移沿着"绿水青山就是金山银山"理念指引的道路奋勇前行，围绕"村强、民富、景美、人和"的总体目标，拓展"两山"转化通道、扩大"两山"共享成果，努力贡献更多可推广的"余村方案""余村经验"，努力让绿水青山颜值更高、金山银山成色更足、百姓生活品质更好，让乡村成为人人向往的美丽宜居家园。

专家点评

余村是习近平总书记"两山"理念的发源地,更是"两山"理念的践行者和传播者。余村的发展历程折射出我国生态文明建设过程中面临的挑战重重、压力巨大、矛盾突出。为了破解干部难定夺、百姓难接受、收入难持续的问题,余村以"两山"理念为指引,探索出了"支部带村""发展强村""民主管村""依法治村"等乡村善治模式。通过党建责任刚性化、党性锻炼常态化、纪律要求明确化、示范带头标杆化的"四化"机制,形成了以党风促民风带村风的良好氛围。通过村庄景区化变革、资源股份化改造,让村民就近挣薪金、拿租金、分股金、转盈利,打通了"绿水青山"和"金山银山"的转化通道,实现了经济发展与生态保护双赢。通过"两山"议事会等民主商议体系,将矛盾化解在基层、消灭在萌芽状态。通过聘请法律顾问、设立"巡回法庭",让法律意识和法治观念深入人心,也让村民在处理大事小情时心有所依、心有所安。

"绿水逶迤去,青山相向开"。余村发展是"绿水青山就是金山银山"理念经历时代检验的缩影,相信经过时间的洗礼后,这一理念所蕴含的深邃思想将愈显光辉,其饱含的科学理论必将更有力量!

画好山水画　走好富民路
——福建省将乐县常口村抓党建促生态绿色发展的实践

夕阳西下，金溪河碧波如镜，倒映着青翠的山峰；落日余晖，白墙黛瓦的村庄流水环绕，荷塘、石亭、木桥、社庙、古厝点缀其间；白鹭纷飞，千亩清语橙迎风摇曳，树影婆娑。水彩画般的山水田园中，游人三三两两摆着姿势，互相拍着小视频。这就是福建省将乐县常口村。该村村域面积1383平方公里，辖三个自然村、7个村民小组，有246户1062人。2020年村集体收入139万元，农民人均纯收入2.6万元。依靠青山绿水这一无价之宝，常口村探索出绿色发展、生态富民的新路子，打造出宜居宜业宜游的生态美丽新乡村，绘就出践行习近平生态文明思想的生动画卷。

一、突出生态建设，打牢发展基础

常口村将山林视为珍宝，主动淘汰森林资源利用型企业，持续推进生态建设。"有一年，一家企业看中了那片茂密的天然松树和阔叶林，出价20多万元购买砍伐。这对当时村集体收入不足3万元的常口村来说，很有吸引力。经过讨论，村里拒绝了这笔诱人的买卖，留下了河对岸的青山。"村干部指着与村部隔河相望的原始林说道。

（一）建立森林景观带。按照"造林大苗化、树种多样化、品种乡土化、色彩季相化"要求，以乡土阔叶林树种为主，辅以美化、香化、花化、彩化树种，建设常口村周边森林景观带25亩。打通金溪河畔沿线景观，完成积善村到会石村共计15公里、面积50亩的森林景观带，形成四季有花、四季有色、季节分明的山水画廊。

将乐县常口村金溪森林景观带

（二）推进村庄绿化美化。依托田间、水系、道路、房前屋后以及"四旁"闲置地，开展绿化美化。整治裸房，完善雨、污管网，建设微动力污水处理站，全面清除旱厕，建成公园、荷花池、沿河栈道、村庄入口形象等景观设施，以气代柴、节能减排、垃圾集中分类处理等环保生活方式逐步形成。现在的常口村不仅有农民公园、灯光篮球场，还有露天游泳池。每当夜幕降临，常口村的夜景灯亮起来，散步、拉家常、跳广场舞的村民在公园欢聚一堂，小山村变得热热闹闹。村民说："以前路上没灯，晚上大家吃完饭没地方去，就聚在一起打麻将，现在打麻将的人几乎没有了，大家都跟城里人一样，习惯了饭后散步、跳舞。"

（三）创建森林村庄品牌。实施常上湖生态保护修复工程，通过2700万元省市奖补资金，吸引7000万元社会资金，以常口村为重点，实施"一河两岸"废弃砂场治理、违建拆除、林分提升、五水共治、恢复生物多样性、培育生态多样性等八大工程。2019年，常口村被认定为国家森林乡村。

二、突出生态种植，提供稳定就业

常口村具有发展生态农业的优越条件，流经村庄的金溪水质常年可达Ⅰ类，腐殖土多，土壤有机质含量超过5%。"茂密的森林是天然的病虫害防火墙，四季不断的清冽泉水是天然的水果'保鲜库'，这里的小气候特别适合种植高端脐橙。"来常口发展脐橙生态种植的果商说。2019年，该果商在常口村成立福建常口分享生态农业有限公司，投入800多万元，以每亩600元的价格从村民手中流转800亩土地，按照"公司+村集体+基地+农户"的模式建设脐橙生态种植基地，打造"清语橙"品牌。为打开销路，公司开发了"清语橙"微信小程序，买家可通过小程序以200元/年的价格认养一株橙树，还可以通过VR实时观看果树生长情况，一旦遇到自然灾害果树歉收，存在银行特定账户的认养金会无偿退还。公司还在果树下种植三叶草、紫云英、花草等，打造果园与花海相结合的观赏性生态基地。2022年，脐橙将进入盛产期，公司将按每亩2000元（含600元土地流转费）付给村集体地租和分红。目前公司每天从村里招工50—100人，人均月增加收入2000—3000元。

三、突出盘活资源，促进集体增收

常口村森林覆盖率92％，天然林面积1.9万余亩。依托优越的林业资源，常口村将6000亩林地按一亩10元的价格租给福建金森林业股份有限公司，并将3800亩林地以林木折价方式入股30％，与金森公司和高唐镇林场合作造林，每年增加村集体收入10多万元。2017年，村集体领办成立林业专业合作社，可为林农申请银行贷款提供担保，村民将自留山、责任山、林权股权等小额林业资产质押并由合作社统一监管，通过申请林权按揭贷款、农信社"福林贷"等金融产品，缓解了"贷款难""担保难"问题。有村民以自有100多亩林地作抵押，通过"福林贷"贷款10万元，流转140亩竹林进行培植，每年增收近3万元。金森公司依托将乐县和常口村生态优势，开展林业碳汇交易，目前已开发碳汇量118万吨，预计可实现交易额约2400万元。2021年5月18日，全国首批林业碳票首发仪式在常口村举行，当日碳票涉及3197亩生态公益林，碳减排量12723吨，被两家公司收购，村里一棵树没砍，收益14万多元。此次交易的碳汇，是2016年至2020年监测期内的固碳量，下一个监测期产生的固碳量，可以再次流转。"只要林子管好了，我们就能获得源源不断的收入。"常口村林农激动不已地说。

四、突出特色产业，助推脱贫攻坚

常口村以多村联建为抓手，统筹联村区域内12.5万亩林地资源，发展红菇保育扩繁基地3000亩，一平方米种植数由3朵增加至4朵，亩均采收由 0.1 斤增加至 0.5 斤，亩产值由 120 元增至 700 元，目前市场上一斤干红菇价格在 1300—1500 元。村集体还成立将乐蜂源农业专业合作社，与将乐县乡情养蜂专业合作社合作，带动 31 户农户发展养蜂业，通过托管养蜂项目，实现高唐镇 59 户建档立卡贫困户增收 1.77 万元。2020 年，常口联村党委与金森公司合作，双方各出资 50%，在林下套种黄精，并与福建盘古中药材有限公司签订收购订单，目前已完成 200 亩黄精种植，预计每亩产值约 7000 元，将实现村集体增收 30 万元。

五、突出文旅研学，推进业态融合

2012 年，福建将乐云衢山漂流有限公司落户常口，投资 2000 多万元，打造生态漂流项目，常口村未出一分钱，以优质溪水资源入股，漂流公司每年 10% 的营业额上交村集体，还招聘 15 名村民从事安全员工作，实现人均季节性务工收入 1 万余元。2019 年，漂流公司扩大规模，雇用 20 多名村民从事运营、管理等工作，人均月薪 3600 元左右。随着乡村旅游不断发展，常口村制定《对村民生态文明建设各项补助措施》，鼓励村民发展土菜馆、擂茶馆、民宿等业态。"村里发展生态旅游，我家紧挨着马路，就开了食杂店。旅游最高峰时，一天有八九千名游客，能收入 1000 多元。"村民嘴角藏不住笑意。2019 年，常口村被列入福建省"全福游、有全福"旅游精品线路，获得了国家 3A 级旅游景区称号。

在做好旅游文章的同时，常口村充分挖掘村落文化资源，由自然景观旅游向红色文化研学深度拓展。2020 年，村集体成立常青康养研学有限公司，打造中小学生劳动研学实践教育基地。孩子们可以在村规民约碑前和初心体验馆，接受红色教育，了解"青山绿水是无价之宝"的常口故事，参与农事劳动。已累计开展劳动实践和研学培训53个班次3000余人，带动村民就业54人，月增收1300—3500元，村集体增收约18万元。山东皮划艇训练中心看中常口村金溪流域水质，与常口村合作建成皮划艇训练基地，带动村中民宿、场地培训、饮食服务等业态发展，村民每月增收1000—2000元。四川、辽宁、江西等省皮划艇训练中心也陆续在常口村建立训练基地。福建省旅游发展集团和常口村签约总投资6亿元的旅游合作协议，计划建设综合性文旅康养基地、旅游集散中心、星级酒店和"两山学堂"等项目，常口村以土地经营权折价入股，与旅游集团捆绑发展。"未来的常口村将成为集养生、游乐、食疗、露营、探险等为一体的森林康养基地。"村干部满怀憧憬地说。

六、突出机制创新，实现生态富民

多年来，常口村持续推进机制创新，千方百计打通绿水青山转化为金山银山的通道，将生态资源转化成富民资本。

（一）联村党委实现强村带弱村。2017年，常口村和周边5个行政村组建将乐县首个联村党委，常口村党支部书记任联村党委书记，探索党建联建、产业联抓、治理联动新模式。联村党委发挥常口村辐射带动作用，因地制宜发展区域特色产业，对联建村的种、养产业进行统一布局，对联建村区域内的环境治理、公共设施进行统一设计。如常口村重点发展城郊休闲观光旅游，常源、高山坊和元坪村重点发展中草药等林下经济作物，邓坊和陈坊村重点发展淡水养殖、有机蔬菜种植等。通过强村带弱村，仅脐橙种植基地就能让常口联村的陈坊、高山坊两个贫困村每年增收3万元。

（二）"三票制"改革盘活生态资产。2020年，常口村全面推行"三票"（林票、地票和房票）产权制度改革，把碎片化的生态资源进行规模化收储、专业化整合和市场化运作。常口村一位村民的老房子是20世纪70年代盖的砖木结构房，占地80平方米，建筑面积160平方米。自1998年搬到新房后，老房子一直没人住，其间陆续出租给别人堆杂物、开食杂店，使用状况不稳定，租金最高一个月也才四五百元。此次闲置老房折成的"房票"，票面价值17.2万元，合约20年，相当于一个月有700多元的收入。此外，还可以和其他村民的房子一起打包给镇里招来的公司集中开发，参与公司分红。如果急需用钱，"房票"还可以到金融机构抵押贷款。据统计，常口村首批制发、流转农村耕地地票634亩、面值951万元，村民年收入可达38万—57万元，村集体年保底收入可达80万元。

（三）评先创优树立示范典型。常口村把生态文明理念纳入村规民约，1991年在全国率先开展"创十星·评十户"活动，增强了村民节约意识、环保意识、生态意识，形成了保护生态环境人人有责的行动自觉。"创十星·评十户"活动采取类似评定"星级饭店"模式，将村规民约分解为"勤劳致富、遵纪守法、清洁卫生、生态环保、移风易俗"等指标，由农户根据量化达标条件申请，村民小组评议、村委会审批确认星级，由镇党委书记、村"两委"干部逐户敲锣打鼓放鞭炮授予牌匾，并将典型事迹立于村里"明星路"。常口村还定期召集致富能人、典型户和村民围坐一桌，通过"身边人讲身边事"，分享先进事迹和成功经验，引导村民积极向先进学、向"身边人"学。1996年,常口村的创评经验向全市农村推广。20多年来,常口村先后荣获全国文明村镇建设先进单位、全国乡村治理示范村、全国民主法治示范村、省级生态村、省级先进基层党组织等荣誉称号。

专家点评

习近平总书记指出,良好生态环境是农村最大优势和宝贵财富。常口村致力于促进生态保护与经济发展的良性互动,紧抓生态保护修复,发展特色生态经济,为全面推进乡村振兴提供了生态富民的路径。

常口村坚持规划先行,20年来先后三次修订村庄发展规划,实现了村庄建设、产业布局、交通路网、公共服务、生态保护"五规合一"。通过实施古厝修复、污水管网改造、凉亭栈道等项目,打造出泉水环绕的绿色宜居环境。挖掘土地开发、供水、林下经济、生态旅游等收益创造能力强的生态环保配套项目资源,提高了社会资本参与生态保护修复的积极性。

实施乡村振兴战略,一个重要任务是推行绿色发展方式和生活方式。常口村长期执行最严格的水源地产业准入政策,探索"公司+村集体+基地+农户"的模式建设脐橙生态种植基地,发展养蜂等生态产业,打造生态农品名片。推广"林业+旅游""农业+研学""民宿+学田营地教育"等新业态,实现了从传统餐饮住宿向文化体验活动拓展。

　　常口村的实践表明，生态优势就是发展优势，乡村生态环境好了，土地上可以长出金元宝，生态也能变成摇钱树，乡村也可以变成聚宝盆。

搭建美丽乡村会客厅
绘就乡村振兴新画卷
——海南省琼海市建设美丽乡村的生动实践

琼海市位于海南省东部沿海，陆地面积1710平方公里，海域面积1530.8平方公里。现辖12个镇、1个专属经济区（华侨农场），常住人口51.08万人。近年来，琼海市以美丽乡村建设为统领，尊重农民意愿，保留乡村传统特色风貌，充分挖掘乡村文化价值，实现传统与现代的有机结合，创新建设模式，促进农旅业态融合，探索了乡村振兴的有效路径。

一、量身定制，打造特色美丽乡村

依托博鳌亚洲论坛"金字招牌"，保持和展现田园风光特色，琼海市打造集国际范与乡土味于一体的博鳌美丽乡村集群。"这里太美了，田园风光中还有不少时尚元素，我拍照片发到微信朋友圈，很多好友点赞！"一位游客带着一家人开心地在沙美村游玩，享受美丽悠然的田园风光。三年前，这里交通不便、基础设施差、经济不发达，村民大多选择外出务工，不愿留在村里；而三年后，依托博鳌亚洲论坛搭建起的"美丽乡村会客厅"政商对话新平台，让参会外国元首、政要、企业精英和国内外媒体更加生动地感受到新时代中国乡村美丽气象，掀起了"田园外交风""田园商务合作风"，成了全国闻名的"网红村"。生态环境好了，农民吃上了旅游饭，过上了好日子。

椰子寨村将红色历史主题与美丽乡村建设相结合，融入地方特色，促进历史文化传承，为当地村民搭建增收新渠道，成为革命传统教育和红色旅游、乡村旅游的亮点。"通过美丽乡村的打造，椰子寨村的交通变得四通八达，村民走亲访友相当方便，百姓的日子也过得越来越好了。我们村的魅力日益凸显，外地游客都到我们村里来缅怀先烈，接受红色教育。"

在美丽乡村建设中，琼海市充分尊重农民意愿，按照"一村一特色、一村一主题"的思路，结合各村的历史底蕴、资源禀赋、文化特色等，为每个乡村量身定制建设方案。根据地理气候、风俗文化、地域特色、居住习惯和生产生活需要，免费向广大村民提供多种类型的建筑方案，引导农村居民科学建房，传承海南的建筑风貌，打造具有琼海本土特色的乡村民居。

同时，琼海市加大公共财政对农村的支持力度，整合教育、卫生、文体、农林、水务、交通等部门资金，举全市之力统筹推进美丽乡村建设工作，加快推进城乡交通、供水、垃圾处理等基础设施向农村延伸，行政服务、旅游服务、教育、医疗、互联网等公共服务产品向农村覆盖，补齐农村公共设施和公共服务短板。坚持量入为出、善始善终，做到"三不、三符合"（不盲目攀比、不生搬硬套、不搞形象工程，符合老百姓的愿望和诉求、符合当地经济发展水平、符合市场经济规律），推进美丽乡村"百花齐放"，把这些散落在万泉河两岸的村庄串成一串光彩夺目的"珍珠项链"，将美丽乡村打造成"农民的幸福家园、市民的四季公园、游客的开心乐园",让人们各得其所、各得其乐、各得其益。

二、践行"两山"理论,留住原味美丽乡村

最美的乡村,就是原汁原味的乡村。琼海市始终树牢"绿水青山就是金山银山"理念,抓住海南建设国际旅游消费中心的大好机遇,在保护好生态环境的同时,大力推动乡村民宿、休闲渔业、特色加工等一二三产业融合发展,既做足"面子",更做实"里子"。

新改造完成的博鳌留客村,无论是稻田、花卉,还是河边的木栈道、居民住的老房子,都充分展现了本地特色和文化。琼海市对潭门镇进行重点改造,推动传统渔业小镇向南海风情小镇发展。2020年9月,海南省休闲渔业试点(琼海)启动仪式在潭门休闲渔业码头举行。按照这一发展思路,潭门镇排港村保留村落原有形态和格局,将渔文化融入休闲文化形态,发展渔歌文化、渔家文化,引导渔民转型转产,呈现出原汁原味的"渔家风味"。龙寿洋国家农业公园、博鳌国家农业公园等现代化田园综合体建设,促进了农旅深度融合,以吃农家饭、住农家屋、干农家活、享农家乐为主要内容的乡村旅游蓬勃发展,进一步拓宽了农民增收渠道,农民群众在享受生态宜居环境的同时,"钱袋子"也鼓了起来。

琼海市结合生态环境六大专项整治行动,大力推进乡村拆违和农村环境卫生整治工作,严厉打击农村违法建筑,鼓励引导村民新建房屋履行报建手续,积极引导各村成立环卫保洁队,建立起"户清扫、村收集、镇转运、市处理"的城乡生活垃圾一体化处理模式,实现全市2756个自然村全覆盖,累计创建省级卫生村66个。同时

不断加大生态修复力度，通过生态环境保护和修复打造生态型美丽乡村。

为进一步促进建筑与环境、人与自然和谐共处，呈现天人合一、自然和谐的美丽乡村风貌，琼海市率先在海南省启动区域永久性建筑三维实景航拍及调查，系统搜集博鳌镇17个村委会187个自然村12772户的调查资料，标注26544栋单体永久性建筑物、1548栋大型房地产建筑，建立起首个镇域规划建设管理三维实景电子档案库。

三、发掘旅游资源，共建共治休闲美丽乡村

"闻着阵阵槟榔花香，吃杂粮、品咖啡，这个下午舒服又惬意。"入冬后，琼海的乡村旅游愈发受到游客青睐，一位游客趁着周末与家人从海口自驾过来，感受一下北仍村的乡愁。北仍村曲径通幽，密林环绕，祥和温馨，炊烟袅袅，是为乡愁；村庄建筑时尚又古朴，看似随性而为，却又匠心独具，亦为乡愁。几年来，北仍村在村"两委"带领下，凝聚人心人气，提振"精气神"，融合周边村庄，打造民宿、温泉泡池、采摘园、垂钓等乡村旅游休闲配套设施，农民也利用自家老宅院落，做起农家乐、咖啡厅等生意。北仍村"经济蛋糕"越做越大，吸纳本村及周边285人在家门口就业，全村人均年可支配收入从2014年的8000元增长至2020年的4万余元。

除挖掘乡愁外，琼海市还在不断创新乡村建设模式，如政企合作建设特色村庄、政企村合作经营发展等，通过策划农旅融合、休闲农业等项目，发挥琼海"华侨之乡"优势，多渠道吸引社会资本，凝聚多方力量共建、共管、共享美丽乡村。在博鳌镇沙美村、留客

村，开展集体经营性建设用地入市试点，吸引多家大型企业投入资金2亿多元，参与美丽乡村建设。在博鳌镇南强村，打造"公司+合作社+农户"模式，与某公司达成美丽乡村合作共建协议，近30户村民通过房屋、土地或现金方式自愿入股成立专业合作社，由公

琼海市北仍村美丽风光

司负责管理指导、招聘培训和营销宣传，由村民合作社负责具体运营，共同开发旅游精品业态。

宜居乡村不仅要有优美的环境，更要有文明的乡风、淳朴的民风、和谐的家风。琼海市健全党支部领导下的议事会决策、村委会执行、监事会监督、村务协商会协同参与的"一核多元、共建共治"社会治理模式，全市204个村（社区）全部建立了村务监督委员会和村务协商会，把培育和践行社会主义核心价值观融入乡村治理。

如嘉积镇大园古村继承和发扬"吃番薯也要供孩子上学"的古风古训，造就了远近闻名的"秀才村""博士村"，被评为"海南省培育和践行社会主义核心价值观实践基地""海南省青少年教育基地"。

"通过党的组织体系把最强的干部、最好的资源向薄弱村集聚，推动美丽乡村建设脱胎换骨。"琼海市委有关负责人说。琼海市坚持把党建触角延伸到美丽乡村各领域，把党的组织体系和活动阵地覆盖到每个美丽乡村，打造美丽乡村"党建客厅"范例，创造性地成立嘉积镇龙寿洋农业公司乡村振兴党支部，采取"党支部＋合作社""党支部＋公司"等模式，完善产业配套服务设施，把党的基层组织和党组织活动延伸到项目、融入到产业，使党组织成为百镇千村建设的主心骨。目前，琼海市有430多名农村致富带头人被发展为党员、村级后备干部，农村党员中新增致富带头人680多名，带领带动5840多户农民组建了197家合作社。

专家点评

2018年，中央决定支持海南全岛建设自由贸易试验区，对其作出四大战略定位：全面深化改革开放试验区、国家生态文明试验区、国际旅游消费中心、国家重大战略服务保障区。海南省将成为我国面向太平洋和印度洋的重要对外开放门户，而博鳌亚洲论坛所在地琼海无疑将成为海南对外开放的核心阵地。

近年来，琼海市积极打造美丽乡村，注重保留乡村特色原貌，不搞大拆大建，将乡村变成国际交往的"会客厅",既丰富了乡村的功能,又拓展了国际交往的边界。同时,在美丽乡村建设中,琼海市尊重村庄原住居民意愿,不搞圈村垄断开发,充分保障原住居民的正常生活,使全体村民共享美丽乡村建设的成果。在美丽乡村建设中,琼海市还注重村庄文化软环境的传承与创新,例如排港村保留村落原有形态和格局,发展渔歌文化、渔家文化;沙美村巧借博鳌亚洲论坛之契机,创造性地建设国际交流乡村新文化。

尽管琼海作为国际交往的重要阵地具有一定的特殊性,但其美丽乡村建设的经验却具有较大的普适性,其基本经验是坚持实事求是,正确处理政府、市场和社会的关系,坚持农民主体地位,维护农民的合法权益,让农民成为美丽乡村建设的真正参与者和直接受益者。

抓重点补短板　建设雪域高原美丽乡村
——西藏自治区拉萨市抓党建促农村人居环境整治

拉萨市是西藏自治区首府，世界上海拔最高的城市之一，地势北高南低，由东向西倾斜，中南部为雅鲁藏布江支流拉萨河中游河谷平原，地势平坦。作为首批中国历史文化名城，拉萨以风光秀丽、历史悠久、风俗民情独特而闻名于世，水、土壤、空气、人文环境"四不污染"享誉国内外。2018年以来，拉萨市、县两级党委、政府立足高原农牧区实际，把农村人居环境整治作为全面建成小康社会需要补齐的最大短板来抓，把美丽宜居乡村建设作为实施乡村振兴战略最难战役来打，围绕"组织领导促推进、村庄清洁抓投入、垃圾污水补短板、农厕改造求突破、村容村貌优环境、规划布局助发展"等重点工作，整合资源，强化举措，统筹投入资金9.17亿元，推动农村人居环境由节点向全域、由薄弱向完善、由整洁向美丽转变，让神圣的雪域高原更为洁净。

一、突出"实"字，为村庄清洁"聚合力"

因地制宜、拓展优化"四清两改"村庄清洁行动内容，聚焦"立足清、聚焦保、着力改、促进美"等工作要求，逐步完善保洁长效机制，推动村庄清洁行动的常态化、制度化、持续化，持续美化村容村貌。

（一）坚持制度先行。各县区相继打响了四季村庄清洁行动战役，每月对清洁行动进行调度和通报，通过对各乡镇（各村）进行不定期评比，督促农牧民群众养成自觉维护屋前屋后卫生的良好习惯，建立保洁员队伍稳定、监管制度完善的农村卫生保洁运行长效机制。

（二）坚持党建引领。以村为单位，村党支部书记、第一书记担任行动指挥长，负责辖区的村庄清洁行动。充分发挥村级党组织战斗堡垒作用、党员干部模范带头作用，发动群众，确保各项整治任务落地见效。曲水县协荣村一位老党员已经退休了，但还在继续发挥余热，自己买了捡拾垃圾的袋子和夹子，晚上散步的时候，边散步边捡拾村庄内的垃圾，希望引导村民树立人人爱护环境的意识。

（三）坚持宣传引导。运用网络、横幅、标语、宣传橱窗等载体，加大宣传力度，号召农牧民群众开展"屋内屋外、村内村外"大扫除，形成人人动手、户户参与、村村行动的良好氛围。

当前，村庄清洁行动已成为全市农牧区人居环境整治迅速向面上推开的重要抓手，成为组织动员农牧民群众参与美丽乡村建设的典型样板。全市251个行政村成功创建为自治区级生态村，创建率达95.4%；64个乡镇成功创建为自治区级生态乡镇，创建率达100%；墨竹工卡县、当雄县、城关区、堆龙德庆区等4个县（区）成功创建为自治区级生态县（区），当雄县还成功创建为国家级生态文明建设示范县，堆龙德庆区荣获"2020年全国村庄清洁行动先进县"荣誉称号。

二、突出"严"字，为污水处理"立规矩"

（一）开展农村黑臭水体排查。印发《关于开展拉萨市农村黑臭水体摸底排查工作的通知》，对全市乡村河塘沟渠黑臭水体、污染水体开展排查，建立农村黑臭水体问题清单，为科学制定农村黑臭水体综合整治方案，解决农村突出水生态环境问题提供可靠的支撑。

（二）开展重点区域专项整治。加强对集中式饮用水水源地、自然保护区等环境敏感区域污水治理，禁止在集中式饮用水水源地保护区内设置排污口，严禁将处理后不达标或未经处理的污水排入河道。开展农村房前屋后河塘沟渠的清淤疏浚和黑臭水体专项整治，引导村民减少生活污水源头排放。

（三）开展农村生活污水处理试点示范。2018年以来，累计投入专项资金550万元，选取堆龙德庆区、林周县4个村5个点开展农村生活污水治理试点示范工作，为全市农村生活污水治理探索经验。按照区位条件、人口分布、污水产生量等，因地制宜选择农村污水治理技术路线和治理模式。对人口较多、居住密集、经济条件较好的村庄，通过铺设污水处理管道集中收集生活污水，采用生态处理等无动力或微动力技术进行处理；对人口较少、居住分散、地形复杂的村庄，采用就地生态处理。

2020年，全市农村生活污水集中处理率达到40%以上，生活污水乱排乱放得到有效管控，农村河塘沟渠无污水排入，水体保持清洁干净。在曲水县人居环境整治入户访查过程中，一位村民面带幸福笑容地说："自从党和政府高度关注农村人居环境整治工作以来，我们协荣村有了污水管网、路灯和门前草坪，道路也硬化了，现在村庄有了很大的变化，是越变越干净、越变越整齐了，晚上出门也安全了，老百姓生活也是越来越幸福了。"

三、突出"治"字，为垃圾整治"找出路"

（一）提升县域垃圾处理能力。通过争取项目资金、完善基础设施、开展试点示范、强化源头管控、加大访查指导、健全制度管护等举措，逐步完善"村收集—乡转运—县处置"的农村生活垃圾收运处置体系，确保农村生活垃圾得到有效收集处理。截至2020年底，全市各县（区）共有生活垃圾转运站18座、环卫作业车辆403辆、环卫工人4235人，有垃圾集中收集点的村庄217个，建立收运体系的村庄208个，有条件有基础的村庄生活垃圾无害化处理率达到90%以上。

（二）集中整治非正规垃圾堆放点。按照《拉萨市土壤污染防治行动工作方案》要求，组织召开全市非正规垃圾堆放点排查整治工作部署会，明确工作责任，确保垃圾日产日清，杜绝出现非正规垃圾堆放点。2018年以来，建成区及曲水县生活垃圾均清运至聂当乡生活垃圾焚烧发电厂及生活垃圾填埋场进行无害化处置，生活垃圾集中处理率达100%，目前已不存在非正规垃圾堆放点。

（三）探索垃圾分类和资源化利用。总结推广堆龙德庆区措麦村垃圾分类处理的成功经验，在城关、达孜、墨竹工卡等县区开展垃圾分类、兑换试点工作。制定印发《拉萨市农村生活垃圾分类指导意见》《关于推进拉萨市农村生活垃圾分类和处置工作的实施意见（2020—2025年）》，鼓励有条件的地方建立城乡统一的保洁机制，通过修订完善村规民约、与村民签订"门前三包"责任书和群众评议等方式褒扬乡村新风，明确村集体、村民的保洁义务，共建村庄保洁长效机制。目前开展垃圾分类村庄83个，建立垃圾兑换超市村庄31个。

四、突出"改"字，为农村户厕"补短板"

（一）强化组织领导。各县（区）党委、政府对改厕质量和"厕所革命"成效负总责，从方案制定、宣传发动、组织实施、竣工验收、运行管护等全过程进行管理。各乡（镇）、村（居）两级组织管理技术人员划片包干，现场指导监督改厕标准和流程，把好施工关、质量关。

（二）强化技术合作。争取国家部委、对口援藏省市在技术方面的支持，加强与科研院校和企业的合作，在改厕材料、无害化处理、除臭杀菌、低温防冻、粪污回收利用等方面，加大科技攻关力度。试验开发适合当地农牧区实际，经济实惠，群众乐见乐用，易维护、效率高的卫生厕所新技术、新产品。组织开展多种形式的农村卫生厕所新技术新产品展示交流活动。

（三）强化基础工作。组织开展农村厕所现状大摸底，以县域为单位摸清农村户用厕所、公共厕所、旅游厕所的数量、布点、模式等信息，"一村一档、一户一卡"建台账。深入开展调查研究，了解农村厕所建设、管理维护、使用满意度等情况，及时查找存在的问题，跟踪农牧民群众对厕所建设改造的新认识、新需求，不断完善改厕模式、技术和产品。

（四）强化示范引领。坚持整村推进、分类示范、自愿申报、先建后验、以奖代补开展农村户用卫生厕所改造。以城镇郊区、主要旅游景区、扶贫搬迁点、边境小康村和主要交通干线沿线村等具备条件的村庄为重点区域，确定农村改厕优先顺序，树立一批农村卫生厕所建设示范县、示范乡、示范村。分阶段、分批次滚动推进，以点带面，总结推广一批适宜不同地区、不同类型、不同水平的农村改厕典型经验和模式，探索解决好高寒冰冻、干旱缺水和居住分散地区的改厕难题。

截至 2020 年底，全市农村卫生户厕户数达到 33559 户，卫生厕所普及率为 41.54%，22 个行政村的农村户用卫生厕所普及率达到 85% 以上；农村公共卫生厕所建设总任务为 502 座，目前已累计完工 456 座，全市农村卫生公厕的覆盖率和建成公共厕所的投入使用率已达 90% 以上，基层群众的生活品质得到有效提升。

五、突出"兴"字，为美丽乡村"谋思路"

坚持把"美丽乡村·幸福家园"建设作为新时期城乡融合发展体制机制改革、人居环境整治三年行动、乡村振兴示范村（居）试点等农业农村重点任务的突破口和重要抓手。

（一）集中资源建设示范村。加大传统村落民居和历史文化名镇名村保护力度，建设一批特色优势产业示范村、一批现代生态旅游示范村、一批羌塘草原风情村、一批藏文化特色古村落，使之成为承载农村发展的主要载体和统筹城乡发展的重要节点。保护和发展中国历史文化名村尼木县吞达村和中国传统村落墨竹工卡县赤康村、林周县江热夏乡连巴村。加强墨竹工卡县德仲村、达孜县主西村、林周县吉龙村、堆龙德庆区邱桑村、城关区加尔西村、当雄县甲玛村和曲水县俊巴村等特色村庄规划建设。卡如乡、吞巴镇吞达村、波玛村分别获得 2018 年、2019 年、2020 年"中国美丽休闲乡村"称号。

（二）高标准建设特色乡镇。按照"超前、现代、生态、文化、

堆龙德庆区波玛村美丽庭院

和谐"的理念，总结羊八井镇、甲玛乡、纳木湖乡、吞巴乡特色乡镇建设经验，建设一批具有历史记忆、带动周边发展的特色乡镇。其中，羊八井镇打造旅游、新能源特色镇；纳木湖乡依托纳木湖景区，打造国际性精品旅游小镇；聂当乡依托区位优势和产业平台，打造城郊都市型农牧业产业化基地；甲玛乡依托矿产、松赞故里优势，打造集旅游、工业为主的新型城镇；章多乡依托318国道沿线仓储物流基地，促进地方旅游服务业发展；吞巴乡依托"尼木三绝"和吞米桑布扎历史文化遗迹，打造文化旅游特色镇。

（三）创新乡村建设资金筹措机制。总结推广曲水县南木乡江村"政府投资60%、村委会筹资20%、农牧民出资20%"的做法，引导农牧民群众共建美好家园。曲水县财政投资70万元参与村庄房屋刷白、道路平整、绿化带维护，村集体出资300万元收购原羌嘎宾顿旅游合作社场地、购买种植雪松相关绿化树种，群众投工投劳约

2000万元、3000人次广泛参与整村推进项目建设，形成了逐级投资、广泛参与的"美丽江村"建设经验。

专家点评

农村人居环境整治是实施乡村振兴战略和建设美丽中国的重要内容。我国地域面积广阔，地区经济社会发展差异较大，不同地区农村人居环境状况差异也很大，如何因地制宜、稳步有序推进是一项重大挑战。拉萨市立足高原农牧区实际，坚持以建设美丽宜居村庄为导向，以村庄清洁行动为抓手，逐步推进农村生活垃圾、污水治理和厕所革命，取得了显著成效，积累了实践经验。

农村人居环境整治是一项涉及面广、任务繁重的系统工程。拉萨市坚持加强党的领导，凝聚多方合力，明确各方责任，充分尊重广大人民群众的意愿，优先解决农民反映最为强烈的问题，强化农户参与机制建设，健全村规民约，发挥基层党员的先锋模范作用，增强基层党组织治理能力，将环境整治与经济发展相结合，促进生产生活生态融合发展，很好地调动了基层组织和农民的参与积极性。

建设生态宜居乡村
贫困村庄蝶变美丽家园

——甘肃省徽县榆树乡乡村建设的美丽图卷

群山环抱下的山区乡村中，一条条通往院落的巷道干净整洁，樱花、翠竹与低矮的花草在排排篱笆装扮下生机盎然。小桥流水人家里，颇具传统园林风格的庭院挡不住"满园春色"，功能齐全的文化广场飘荡着欢声笑语……这是甘肃省陇南市徽县榆树乡的动人画卷。谁能想到，一个原本贫困落后的偏远乡村，而今已蝶变成生态宜居的美丽新家园。榆树乡的华丽蜕变让人感叹，真应了当地一位老干部的诗作，"诗韵榆乡美如画，赏景不必走天涯。青山绿水游人醉，百里红樱万树花"。近年来，榆树乡党委、政府贯彻"青山绿水就是金山银山"的发展理念，依托独特的气候、地理、生态环境等优势，紧盯生态宜居建设目标，通过高位推动、政策扶持、重点攻坚、建管结合等一系列措施，持续开展农村人居环境整治，将榆树打造成宜居宜游的美丽乡村。

徽县位于甘肃省东南部，地处秦岭南麓嘉陵江上游的徽成盆地，境内四山叠翠，河流纵横，气候温润，宜居宜耕，素有"陇上江南"和"金徽县"之美称，榆树乡就镶嵌在徽县这颗璀璨的明珠之上。榆树乡距县城43公里，属典型的山区乡镇，境内自然资源丰富，环境优美，森林覆盖率85%，有"森林小镇"之美誉。下辖 12 个行政村，48 个村民小组，1995 户 7041 人，耕地面积 1.9 万亩。2018 年实现整乡脱贫，2020 年人均可支配收入达到 11524 元。

一、结合实际明思路，立志实现"个十百千万"

近年来，榆树乡通过深入推进乡村振兴战略，把生态宜居作为巩固提升脱贫成效、提高群众幸福指数的重要举措，深入研究、科学谋划，提出"个十百千万"发展目标："个"就是打造一个以明清风格为主、融入茶马古道文化元素的茶马古镇；"十"就是以产业培育、风貌改造、环境治理、易地搬迁为重点，创建 12 处生态靓点；"百"就是打造百里樱花大道、百里竹韵长廊、百里花海长廊；"千"就是培植 1000 户产业示范户；"万"就是苗木面积稳定在 1.2 万—1.4 万亩，人均 2 亩，明确了榆树乡村发展思路。紧盯农村厕所、垃圾、风貌"三大革命"和农村生活污水治理、"四好农村路"建设等重点建设内容，成立榆树乡农村人居环境综合整治工作领导小组，明确了全乡农村人居环境整治工作的重点任务、推进计划、保障措施等。同时榆树乡结合乡村实际，坚持保护建筑、保存风貌、保全文化、保有生活的原则，建设中充分利用村庄原有建筑和自然景观，不大拆大建、不砍一棵树、不挖一块石，保留了不同于城市的自然性、原生态、错落美，让"农村更像农村"，出"新品"、造"精品"、谋"珍品"。

榆树充分发挥乡党委、政府一把手总指挥作用，分管领导组织实施、督查指导，村"两委"一把手具体推动、主抓落实，群众主动积极参与，形成了全乡家家参与、人人行动的巨大合力。探索"县财政拨一点、乡镇配一点、社会帮一点、村社担一点、群众筹一点"的多元投入保障机制。财政扶持上，榆树乡积极争取县政府财政资金扶持，重点用于实施"厕所革命"、垃圾污水治理、村组道路硬化、村容村貌改造、清洁村庄建设等农村人居环境整治项目；乡镇配套上，紧盯村组道路硬化、清洁村庄建设等基础建设项目，通过"一事一议"不断完善村社基础配套设施建设，夯实农村人居环境基础；社会捐赠上，在帮扶单位交通银行甘肃分行的大力帮扶下，积极争取帮扶资金48.6万元，为41户常住群众新建砖混结构、分区合理，集厕所、洗浴、废水处理于一体的节水卫生厕所，刷新了火站村"颜值"；村级分担上，各村根据村社需求，从村级集体积累中支出部分资金，支持村社在空闲地打造小节点、小景点，建围栏、种花草，进一步优化人居环境；群众自筹上，教育引导群众切实转变思想，通过投工投劳、自筹资金、义务捐赠物资等方式，主动参与美丽乡村建设，集思广益，群策群力，以实际行动创造幸福美好生活。

二、坚持靶向发力，强化重点攻坚

紧盯农村人居环境整治的九大任务，着力解决群众反映强烈的脏乱差环境问题，大力实施拆危治乱、卫生改厕、垃圾处理、污水治理等，持续创建美丽乡村、清洁村庄，实现人居环境"五个漂亮"（党群服务中心漂亮、村庄漂亮、庭院漂亮、道路漂亮、河道漂亮），用绣花的功夫推进人居环境改善提升，为美丽乡村增添活力。

（一）健全基础设施，夯硬件补"短板"。榆树乡共实施危旧房改造605户，解决了全村居民的住房安全问题。硬化通村通组道路1524.5公里，建成便民桥39座，受益人口6230余人，解决了群众出行难问题，让"晴天一身土、雨天两脚泥"成为历史。新修文化广场14座、3400平方米，配套了健身器材，新修护村河堤1900余米，仿古式护栏3200米，安装太阳能路灯1256盏。完成群众人饮工程，实现全村安全饮水全覆盖。

（二）美化村容村貌，竹篱笆围住"乡愁"。榆树乡扎实推进"拆危治乱"集中行动，全乡12个村共拆除危旧房604座、1661间，补植补栽"三百长廊"樱花树11400余株、竹子1.92万余株，栽植高杆月季、普通月季、菊花、玫瑰等花卉1.74万余株，打造小节点、小景点33处；种植花卉280余亩，其中20亩以上集中连片的11处；编制农家竹篱笆、木围栏8600余米，修建茅草亭6个；清除垃圾1650余吨，复垦美化旧房拆除场地1.23万平方米，美化亮化乡村社道路137公里、2.22万平方米，绘制3D文化墙600余平方米，全乡人居环境由原来的"脏、乱、差"变为现在的"绿、美、净"。

（三）改变生活小习惯，厕所刷新农村"颜值"。在火站村"厕所革命"的示范带动下，逐步改变群众卫生生活习惯，新修水冲式厕所985座，常住人口厕所新建改建率达到95%以上。昔日蚊蝇横飞、臭气熏天的旱厕都已被水冲式的卫生厕所取代，从根本上刷新了榆树乡"颜值"。提起新修的卫生厕所，村民们都难掩激动。"就在前几年，村里绝大多数村民家中的都是用木板、茅草搭的简易露天厕所，不仅苍蝇蚊虫到处飞，遇上下雨天还会污水四溢，上厕所让人非常难受。"前年村里对露天厕所进行改造，我们家也拆掉了老式的茅厕，在政府的支持下，新修了这个水冲式卫生厕所。厕所里不仅有冲水便池，还专门安装了淋浴器和洗手台，现在我们也能用上干净卫生的厕所了。"

三、加强宣传推广，强化长效治理

乡村建设不是一朝一夕的事情，必须长期坚持才能保护好建设成果，榆树乡把建管结合与宣传引导作为改善人居环境、建设美丽乡村的"发力点"，坚持以学促改、比学赶超，最大限度地调动干群主动性。为了让群众深入理解乡村建设的重要性，榆树乡通过文化教育、科学普及、文娱活动等方式持续宣传推广，逐户逐人宣传改善人居环境的政策意义，激发群众参与拆危治乱、美化家园、靓化环境的积极性，实现了从"等着干"到"主动干"的巨大转变。榆树乡先后组织召开农村人居环境整治及"厕所革命"现场推进会、培训会，指导村社学习好经验、好做法，相互评比，取长补短，形成了"争着干、抢着干、比着干"的良好氛围。

乡镇政府将农村环境卫生整治工作纳入村社干部年度工作目标考核内容，建立考核奖惩机制，实行分管领导带头督查，以严格的考核问责倒逼工作落实。坚持定期与不定期通报、调度的工作机制，解决工作中存在的困难和问题，褒扬先进，鞭策后进，确保落实见效。强化建管并重，建立日常监管和保洁机制，坚持镇村实时监督，引导群众自觉维护，并依托全乡公益性岗位人员力量，实行分段包干责任制和绩效考核制度，深入推进日常保洁工作，确保农村环境卫生有人管、有人干。坚持把改变群众生活陋习作为关键点，制定了村规民约、卫生公约、文明公约等制度，教育群众养成良好卫生习惯，通过"最美村社""最美庭院"评比活动，树立良好文明新风尚。

徽县榆树乡杨河村花海管护

四、发展绿色产业，小蜜蜂成"大财源"

近年来，榆树乡把产业扶贫作为带动农户脱贫增收的重要抓手，依托榆树乡拥有的"中华蜜蜂保护区"区位优势和本村蜜源丰富的自然环境优势，通过示范引导、大户带动，大力发展中蜂产业。目前全乡中蜂养殖户达到400户，占全乡总户数的20%，仅苟店一个村中蜂饲养达8600余箱。火站村结合贫困户发展意愿，由村党支部牵头，创办了土蜂养殖农民专业合作社，注入产业扶持资金44.5万元，采用"党支部+合作社+贫困户"扶贫模式，以村集体持股、贫困户配股的方式，带领全村群众发展中蜂养殖产业，累计为贫困户分红4.7万余元，村集体分红3万余元。

（一）"五统一"送服务，助推蜂农增产增收。针对蜜源不稳定、养殖技术专业性强等实情，榆树乡积极采取有效措施，实行统一养蜂品种、统一购买蜂具、统一管理技术、统一品牌包装、统一销售蜂蜜的"一条龙"服务，全方位化解蜂农后顾之忧，既节省了人力、物力、财力，又提高了养殖效益，促进群众增产增收。

（二）请专家传技术，提高蜂农科学养蜂水平。乡里的科技特派员、县养蜂协会的养蜂专家和乡村养蜂土专家，通过举办科技培训班、现场指导、印发资料等方式，面对面、手把手地为蜂农解疑释惑、把脉开方，帮助蜂农解决技术难题，扩大养殖规模，提升蜂蜜品质。"甜蜜"产业甜了村民心田。

（三）重特色创品牌，走"互联网+养蜂"道路。结合实际提出"互联网+养蜂"的发展路子，创建了电子商务中心，开通淘宝店铺"贵州甘肃我的家"，注册了"火站土蜂蜜"品牌，同时利用微信、微博、抖音、快手等媒介，不断加大"火站土蜂蜜"品牌的宣传、推介力度，提高在养蜂市场上的竞争力和知名度。目前，通过淘宝、抖音等网络平台，蜂产品已远销贵州、江苏、云南、河北、陕西等省，不断提升榆树乡土蜂蜜的影响力。

生态宜居是实施乡村振兴战略的重要内容，榆树乡党委、政府一班人带领广大干部群众，充分挖掘茶马古道、竹林寺等文化资源，在一个地处山区原本贫穷落后的乡村，绣出了产业兴旺、生态宜居、乡风文明、治理有效、生活富裕的美丽画卷，彻底改变了深度贫困面貌，建成美丽宜居新家园，真正让产业兴起来、乡村美起来、文化活起来、群众富起来。

专家点评

我国幅员辽阔，生态多样，"十里不同风，百里不同俗"，不同地区的乡村特色迥然不同。榆树乡仅仅是我国众多山区乡镇中的一个，是我国农村人居环境整治的一个缩影。

尽管每个村庄的情况千差万别，资源禀赋不一，但归根结底要让群众生活更宜居、更便利、更舒心。榆树乡依靠整合各种资源、凝聚广大人心，把各种力量集中到美丽乡村建设。特别是充分发挥群众主体作用，汇聚群众的智慧和力量，因地制宜建成既实用又美观的宜居宜游环境，让全乡的山更绿、水更清、天更蓝、花更美，实现了休闲农业与乡村旅游的良性互动，擘画出了乡村振兴的壮美图卷。

互联网赋能　打通"最后一百米"
——宁夏回族自治区彭阳县构建农村饮水新模式

彭阳县地处宁夏西海固地区，山大沟深、干旱缺水，素有"苦瘠甲天下"之称。全县下辖4镇8乡156个行政村，总人口25.03万，总面积2533.49平方公里。彭阳县水资源总量8920万立方米，人均水资源占有量356立方米，仅为全国人均水平的1/6，水资源严重短缺、群众饮水难题突出，是制约彭阳经济社会发展的主要瓶颈。过去，老百姓吃水要到十几里外的大山沟里去找水，如果遇到枯水年份，他们要排着长队等好几个小时才能取上水，大多是通过人挑、驴驮方式取水，条件十分艰苦。草庙乡新洼村党支部书记说："上世纪八九十年代，早上天还没怎么亮，老百姓就赶着毛驴到大山沟里去驮水，来回要走十几里路，有时沟里面不一定有水。这样找一回水要花四五个小时，每天得有一个丁壮劳力专门找水，吃水非常的困难。"为破解这一困局，彭阳县委、县政府积极探索"互联网＋人饮"新路径，建立三项机制，打造三个平台，形成了城乡一体化智慧供水体系。2019年9月10日，全国农村饮水安全现场推进会在彭阳召开，彭阳县"互联网＋人饮"新模式得到了水利部的肯定。彭阳县实现了从担水驮水到手机买水的革命性转变，助力了全县脱贫攻坚，提高了群众生活品质，密切了党群干群关系。

一、找准问题短板，实施供水网络体系建设

2016年10月，宁夏中南部城乡饮水安全工程彭阳受水区通水试运行，彭阳县农村人饮工程的重点转变为如何将水送到农村地区千家万户。水源工程并网通水后，一些新的问题开始凸显：农村自来水入户率、供水率不高；运行管理缺手段、服务能力不够；水价形同虚设，水费收缴难与财政无钱承担的情况并存；全县3000多公里干支管网，因跑冒滴漏造成道路、房屋等损害，每年赔付款在240万元左右，农户的投诉率一度居高不下。针对问题，彭阳县主动求变，以一体化推行供水网络体系建设。

（一）推进一体化大水源建设。通过整合资源要素，科学规划，推进大水厂、大管网、大连通建设，委托专业规划设计团队编制"互联网+农村供水"实施方案，采取"工程提升+管理改革+数字赋能"模式，将分散建设的42处农村饮水安全工程水源整合为"1水源、2水厂、3片区"，以整体升级打包解决农村饮水难题，建设城乡一体化的供水网络体系，工程覆盖率由80%提高到100%。

（二）实施农村饮水巩固提升工程。2017年，启动了农村饮水巩固提升工程。以农村供水土建工程为基础，利用互联网、物联网技术，通过在泵站、蓄水池、管网等工程处安装各类物联网监测、控制设备，配合工程搭建的智慧人饮系统，实现了从水源、泵站、蓄水池、管网到用水户的全链条自动运行和智能化管理。

（三）试点先行有序推进。从提升管理效率、降低供水成本入手，对人饮工程的泵站、蓄水池、入户计量设施等试点开展了无线采集、启停控制、液位压力传感、用水计量、视频监测等物联网改

造，对流量、水位、水压等参数实施在线监测，推进泵站无人值守、远程控制、自动运行、联合自动调度。

彭阳县王洼水厂

二、借助互联网技术，打通农村饮水工程"最后一百米"

运用云计算、物联网、智能控制等技术，对人饮工程实施从水源到水龙头、从工程管理到供水服务的信息化、智能化改造，并通过"互联网+"带来的新空间开展体制、管理、服务创新，创造性解决农村自来水入户难、管护难、缴费难、供水率低等"最后一百米"综合难题。

（一）多元化筹资金。县水务局成立了专门的水务投融资平台（彭阳县盛泽水务投资有限公司），通过政策性贷款、中央预算内资金、统筹整合涉农资金、地方债券和群众自筹等渠道，筹资3.1亿元，保障工程建设。

（二）专业化促改革。以降低管理成本、提高运行效率、升级供水服务为主线，开展了"互联网+城乡供水"适配体制机制改革。一方面，将负责城市供水的自来水公司划到水务局实施城乡供水一体化管理，推行城乡供水均等化、建管服一体化。另一方面，开展供水经营特许，采用市场化的方式引入社会化服务，由专业公司辅助农村饮水安全工程运行管理，实施调度、监测、预警、排查、通知第三方托管等服务，实现了饮水管理新提升。

（三）自动化提效益。为降低运维成本，引进自动监控设施，在农村人饮工程的40个泵站安装自动启停控制设备，在215个蓄水池安装液位传感器、无线采集、电动阀门等自动化设备，在28处管网安装压力传感器和超声波流量计，在连户表井、用水户安装射频卡水表和光电直读远程水表，实现远程供水监控、报警控制和手机、计算机智能化管理等功能。约2500千米的管网和45座泵站、92座蓄水池、7466座联户表井、4.3万块智能水表实现了24小时自动运行、精准管控，运营管理人员减少了一半，供水保证率提高到96%，每年节约运维成本150万元，有效解决了"缺人管"的难点。

（四）数字化强管理。建成了集调度、运行、监控、维养、缴费、应急于一体的供水管理服务数字化平台，实时自动采集、传递、分析和处理各类运行数据，实现了多级泵站和蓄水池智能联调、水质在线监测、事故精准判断和及时处置。使用移动App即可进行远程监控、运行调度和事故控制，工程事故率下降30%，管网漏失率由35%降到12%，年节水30万立方米，相当于全县农村生活用水总量的13%，有效解决了"跑冒漏"的痛点。

（五）智能化优服务。针对水费收缴难的问题，启动了自来水入户计量智能化改造，改变传统下井抄表、上门收费的水费收缴方式，农村居民通过手机即可实现缴费购水、查看用水信息、申请停用水等功能，农村供水管理服务实现"掌上控制"。针对农村居民关心的水质、水价问题，加大水质监测投入，在全县供水管网配套水质监测设施，并实施了城乡一体水价改革，基本形成了水费收得回、服务跟得上、供水有保障的农村供水管理新格局。

三、建立三项机制，深化"放管服"改革惠民生

坚持以改革思维做好顶层设计，实施"投、建、管、服"统筹推进，着力打造城乡供水服务均等化，倾力改善民生。

（一）确立良好的建管机制。采用设计、采购、施工、运维总承包模式（EPC+O），公开招标确定国内顶尖的专业公司承担3年施工12年运维任务，确保建设运维无缝衔接，全面提升工程质效。

（二）建立良性的水价机制。在政府对水源价格补贴基础上，将城乡（原县城2.3元/立方米、农村4.0元/立方米）水价统一调整为2.6元/立方米，为今后调价留足空间，实现城乡供水"同源、同质、同网、同价"，农民享受到了城乡均等化供水服务。

（三）构建长效的运行机制。深化城乡供水一体化改革，将原分属不同部门的城乡供水管理职责划转同一部门管理；采取政府购买服务的方式，由政企双方出资组建城乡供水管理公司，承接全县供水工程的日常运行、水质监测和维修养护，实现了专业管理和节本增效；建立水质监测中心，严格落实水质检测制度，做到政企民三方满意。

四、构建智慧供水模式，推进城乡一体化供水体系建设促保障

按照"工程提升+管理改革+数字赋能"思路，推进全县"一盘棋"谋划，把全县 12 个乡镇划分为北部、中部、南部 3 个片区，形成城乡一体化智慧供水体系，高标准补齐农村供水短板，一次性打包解决农村饮水安全问题，走出一条新时代农村供水高质量发展的路子。

（一）实现节水降本增效。通过"技术+改革+工程"综合配套措施，水费收缴率达到 99%，管网漏失率下降到 12%。自来水入户率由 65% 提高到 99%，管理人员减少了 56%，成本支出降低了 30%，投诉量由 2014 年的 229 件（次）下降到了 2019 年的 40 件（次），取得了节水、减员、增效的突出效果。

（二）助力全县脱贫攻坚。用水有了保障，农村的生产和生活也悄然改变。自来水进村入户，不仅解决了农村居民的吃水问题，还有力促进了畜牧养殖、特色种植等富民产业的快速发展，为稳定可持续脱贫提供了基础保障。2019 年，彭阳县顺利通过贫困县退出市级初审、自治区第三方评估和国家脱贫攻坚成效考核，正式退出贫困县序列，全县 16930 户 60931 人全部脱贫。

（三）激发群众节水意识。公开透明的水价、预缴预付的收缴机制使农村居民能够明明白白地缴费用水，形成了"用水花钱、节水省钱"的共识。村民说："现在我们用水要先交钱后用水，打开手机就能看到自家每月的用水量和水费花了多少，为了省钱，我要省着用水呢。"

（四）提高农村生活品质。自来水流进农家院，实现了贫困山区居民"从毛驴驮水到手机买水"的革命性转变，解决了农村居民的洗澡问题，3万多农户安装了太阳能热水器，曾经惜水如油的西海固人有了洗澡的习惯，获得感幸福感显著提升。

（五）密切党群干群关系。智能化、自动化的管网监管和快捷高效的维护服务，有效解决了有管无水、管理困难的问题，使农村居民不再为用水而担忧，彰显了党和政府的为民情怀，赢得了群众的支持，进一步密切了党群干群关系。草庙乡新洼村党支部书记说："在前些年尽管通上了自来水，但时常出现停水情况，老百姓对党委、政府怨言很多。现在县水务局用智能化管理，每年也不停几回水，老百姓用起来十分方便，对村里工作也更加支持了。"

专家点评

农村饮用水安全是一项关系到广大人民群众切身利益的民生工程。彭阳县坚持问题导向，运用科技手段，打通"最后一百米"，让农民和城里人一样喝上"同源、同质、同网、同价"的自来水，促进了城乡融合发展，一举改变"苦瘠甲天下"区域农民饮用水问题。

围绕到户率不高、管理水平不够、跑冒滴漏等具体问题，彭阳县压实政府责任，全力打好农村饮水安全攻坚战。坚持建管并重，完善管理办法；建立长效管理机制，把饮水安全工作作为实施乡村振兴战略最大的民生工程来抓。同时，将农村供水智能信息化建立在完整的需求分析基础上，借助互联网等技术，解决入户难、管护难、缴费难等问题，实现精准供水、节本增效，走出了一条以城带乡、以大带小的农村饮用水稳定供给的新路子。

"唤醒"一汪碧水 释放旅游红利

——新疆维吾尔自治区拜城县康其乡党建引领生态兴村的实践

远山如黛，流水潺潺；牛羊点点，绿草如毡。细雨中的阿热勒村如水墨画般镶嵌在天山南麓。走进这座地处我国最西北端的康其乡，清新气息扑面而来。在这里，不仅自然环境纯朴、优美，而且到处可见充满文艺气息的民俗元素，令人流连忘返。在维吾尔语中，"康其"的意思是花园。康其乡位于两河交汇处，村庄与河道之间形成了一条5000多亩的半包围型湿地带，俨然一座"花园岛屿"。

然而，在过去，康其乡经济相对落后，村民依靠人均不足2亩的口粮地过活，发展动力不足，经济收入偏低。

近年来，在乡村振兴战略引领下，康其乡党委、政府以建强基层党组织为统领，深入贯彻落实习近平总书记"绿水青山就是金山银山"的发展理念，大力发展乡村旅游产业。将目光投向湿地资源，一汪碧水被逐渐"唤醒"。人均收入从以前的不到5000元增长至1.65万元，群众生产生活水平逐步提升，为稳固边疆、乡村振兴作出积极贡献。

一、夯实基层党建，为乡村旅游打牢基础

（一）选优配强村"两委"班子，基层党组织更加坚强。为解决

村党组织涣散、凝聚力不强等问题，康其乡党委选派 1 名国家干部下村担任党支部书记，着力把党性强、作风正、想干事、能干事的党员干部选进班子。村"两委"班子作风明显改善，党员先锋模范作用更加凸显。

（二）树标杆、立模范，党员作用发挥更加明显。康其乡成立"红细胞"党员志愿者服务中心，无职党员分别认领 10 个服务群众岗，将党员志愿者服务和"红细胞"紧密联系。着力把农村致富能手、返乡毕业生和外出务工人员培养成党员，树标杆、立模范，以党员干部带头、群众参与的方式，让红色细胞贯穿整个发展过程，让群众通过自己的双手实现乡村振兴。

（三）坚持党的领导，支部引领成效明显。2020 年 9 月，康其乡党委组建康其人家乡村旅游农民专业合作社党支部，由村党支部派驻 3 名党员进入合作社，同时选派党建工作指导员 1 名。现有 54 户农户加入合作社，120 余农户从事旅游相关经营，总创收 170 余万元，人均创收 1075 元，党支部引领作用成效明显。

二、坚持因地制宜，从无到有打造"康其湿地"

（一）统一规划，形成全域旅游新模式。近年来，康其乡深入调研分析，瞄准离城郊 15 公里 20 分钟的交通"黄金圈"和康其湿地、菜篮子工程绿化覆盖率高、农作物品种丰富、水土条件优越的绿色"生态圈"，紧连城市辐射周边的"朋友圈"，深入实施"春赏花、夏赏荷、秋赏月、冬滑雪"四季游工程，推动形成集观光、康养、体验、休闲、度假于一体的全域旅游新模式。

（二）注重保护，实现变废为宝。在"湿地公园"建设过程中，康其乡尤其注重对生态环境的保护，划定湿地和耕地保护红线，所有建筑物均在湿地周边空闲地建设，采用原生态木头，用旧轮胎做秋千、花盆；用废木头根做桌椅，用废旧瓶子做花坛；贴起石头墙壁，围起木头栅栏，挂起老式收音机、木车轮等。结合农村人居环境整治工作，将景区内垃圾场变成荷花池，切实实现变废为宝、变垃圾堆为"网红打卡点"。

拜城县康其湿地公园龙泉湖景区

（三）吸引游客，实现就近就地就业。自乡村旅游发展以来，吸纳300多人参与到乡村旅游发展中，其中贫困户占50%以上。2019年，阿热勒村某村民在村委会引导下，在自家门口做起了"旅游生意"，开起拌面馆，吃上了"旅游饭"，日营业收入均在500元以上，旅游旺季可达4000元以上。2019年，她家被评为"最美庭院"；2020年，她本人被授予"最美劳动者"荣誉称号；2021年，她被评为阿热勒村"最美媳妇"。

（四）招商引资，切实发挥项目辐射带动作用。康其乡最大限度优化营商环境，根据投资人和投资项目的不同情况，减免2—3年承包费。"很多游客都没想到在这里能玩到低空飞行的项目"，康其湿地公园飞行小镇负责人说。2019年，他从甘肃来到新疆拜城县，投资近百万元购置了三台滑翔机和一个热气球。"当地政府给予了我最大的优惠政策，让我在发展项目的过程中减少后顾之忧，后面我还会继续在景区投入新的项目。"

（五）创新形式，精准助力景区不断提质。为解决村民参与景区经营不知道选什么项目和资金短缺的现实问题，康其乡创新推行"一个点子致富一个家庭"精准扶贫模式，采取乡干部、包联干部、驻村工作队干部选项目，垫资购买景区需求产品，交付贫困户经营，回本还资的形式，建立红色基金库30余万元，购置80余个旅游项目。康其乡阿热勒村某农户，以前家庭条件差，四处求人借不到钱，自从发展乡村旅游业，实现了在家门口就业，仅2021年"五一"期间净挣3.5万元。村民含着泪说，"现在家里生活变得越来越好了，感谢党和政府的帮助，共产党亚克西！"

经过近年来的运营和发展，康其湿地景区实现了从无到有，成功打造了国家4A级景区康其湿地公园，康其乡阿热勒村先后被评为全国乡村旅游重点村、中国美丽休闲乡村，被自治区表彰为脱贫攻坚先进集体。

三、做强旅游品牌，助力农民增收致富

从贫瘠落后的乡村到如今成为拜城精神文明建设的一面旗帜，从资源枯竭型乡村到文化旅游"网红村"，乡村旅游俨然成为当地

村民群众脱贫致富奔小康的"幸福引擎"。全乡国民经济总收入由2016年的2.44亿元增长到2020年的4.7亿元，康其人民用了5年时间，走出了一条乡村旅游振兴之路，也交出了一份独具特色的乡村振兴答卷。

（一）农业种植效益持续提升。通过土地流转、合伙经营，康其乡引导农户连片种植彩色油菜、向日葵等，联手描绘"十里画廊"。"不仅农作物能赚钱，把农作物种成一幅画，也一样赚钱。"在康其乡，"好风景带来好'钱景'"已成村民的共识。康其乡有关负责人介绍："即使是传统作物种植，我们也是基于旅游业发展，推广绿色耕作。"

（二）"康其湿地"叫响全疆。为进一步打响旅游品牌，充实"康其湿地"文化内涵，康其乡在景区打造一条集中华优秀传统文化、红色文化和时代精神为一体的文化长廊，既丰富了景区活动内容，又能让游客在休闲娱乐过程中接受文化熏陶。创作《康其情缘》歌曲、制作《康其之恋》画册、排练《康其之路》节目，讲好"康其故事"。康其湿地公园已成为辐射整个阿克苏地区的特色景区，年平均接待游客量24万人次，旅游收入1200多万元。仅2021年"五一"节假日期间就接待游客7万人次，旅游收入达370余万元。乡村旅游发展带来的红利惠及整个阿热勒村乃至全乡农民群众。

（三）景区运营逐步规模化。康其人家乡村旅游农民专业合作社在建设初期，想方设法筹集10万元资金，实现了以小资金撬动2000万元大项目的突破，打造了集体验民俗文化、吃在康其农家、住在绿色林间、玩在拓展训练营、驰骋青年牧场、享受夏季避暑、遨游在飞行小镇、乐在冬季滑雪的休闲娱乐综合景区。景区项目覆盖全村贫困户和其他困难群体 100 余户 600 余人。阿热勒村 4 组一位 50 多岁的村民原来是贫困户，现在景区经营划船项目，2021 年 1—5 月已赚到 3 万元。

（四）农村人居环境不断美化。康其乡依托新疆新苑生态保护服务有限公司，采取"清洁家庭＋积分制＋公司"村庄清洁模式，按照"房前净、居住区净、种植区净、养殖区净、后院净、客厅净、厨房净、卧室净、卫生间净、家庭成员净"十净卫生标准，以积分兑换实物为有效抓手，激发全员参与农村人居环境整治工作，扮靓农村生活环境，助力乡村旅游发展。当年垃圾成堆、草场斑秃的放牧场如今变成游人如织、车水马龙的人间天堂。

（五）围绕"旅游"品牌，创新点亮旅游"夜经济"。2021 年康其乡在湿地公园新建 960 平方米的观景平台，积极打造主题灯会、观光游船、光影秀等夜游文化产品，每周日晚在康其湿地开展文艺节目演出，促使夜间旅游成为一种新的文旅产业发展模式。"今天开业第一天，就挣了 3000 多元，感谢乡党委给我提供就业岗位！"康其乡阿热勒村一位经营烤肉生意的村民高兴地说。

四、构建乡村产业体系，推动乡村全面振兴

（一）发展特色经济作物，产业富民效应持续凸显。紧紧围绕生产上规模、产品提质量、销售有市场，康其乡定位拜城"菜篮子"基地，大力推进设施农业，依托全乡 325 座温室大棚、83 座集中连片大田拱棚基地，种植蔬菜面积达 3000 亩以上，打造蔬菜种植基地。调优产业结构，发展大蒜、马铃薯、小杂粮等特色经济作物 1.5 万亩，特色种植业不断铺开，每亩增收可达 3000 元以上，富民产业

凸显强劲拉动之势。

（二）建立集中规模养殖小区，农村劳动力持续释放。积极创建标准化集中规模养殖小区，康其乡由原先的农户家庭分散养殖形式变成了集中托养，不但节约了养殖成本，还极大地解放了劳动力。康其乡一位原贫困户村民将家中的牛放到养殖小区托养，一年可得分红5000元以上，同时他在这个养殖小区务工，每月赚取固定工资收入。阿热勒村党支部书记说："通过产业化的模式，养殖合作社带动了185户贫困户致富增收。"

（三）联合经营入股分红，村集体经济不断壮大。阿热勒村采取"党支部＋合作社＋贫困户"的模式，以村民入股的形式组建农商联合体，吸纳外界投资。联合经营管理，收益部分70%归村集体所有。"通过实施乡村振兴战略、发展乡村旅游经济，不光是农民生活水平提高了，村里面也有钱了，我们说话办事底气更足了"，阿热勒村党支部书记说。

（四）打造"文明实践讲堂"，特色乡村文化逐步形成。康其乡在文明乡村建设过程中，把村级事务集体管理与民主管理有效结合，打造若干"文明实践讲堂"，组织志愿服务队伍，讲理论、讲政策、讲法规、讲文化、讲道德、讲技能、讲民族团结等，提高人们思想境界、道德水平、文化素养。通过评比学习交流，涌现出贡献达人、红色达人"铁人老托"、先进妇女等一大批先进代表。

从隐藏在村庄中的湿地到扮靓村庄的湿地景区，从地里刨食到吃上旅游饭，康其乡实现了华丽转身。如今的康其，贫困村脱了贫，村里有了产业，村民有了增收渠道，一个个乡风文明、生态绿色、百姓富裕的村庄正在形成。

专家点评

习近平总书记指出,一个地方的发展,关键在于找准路子,突出特色。康其乡地处我国最西北端,在周边戈壁环绕的大环境中另辟蹊径,以湿地资源为本底,将绿色生态变为绿色经济,打造戈壁荒滩中"花园绿洲",为边疆地区立足资源禀赋、做好特色文章、实现错位发展提供了借鉴和参考。

康其乡注重加强基层党组织建设,选优配强村"两委"班子,发挥基层党组织的示范引领作用。通过选派国家干部到村担任党支部书记,着力把党性强、作风正、想干事、能干事的党员干部选进村"两委"班子,把农村致富能手、返乡毕业生和外出务工人员培养成党员,夯实基层党建基础,发挥党员先锋模范作用。

康其乡发展农业有思路,利用现代化思维培育打造乡村产业体系,推动乡村全面振兴。依托温室大棚和集中连片大田拱棚,打造县城的蔬菜种植基地,建立标准化集中养殖小区,提高规模效益,增加农民收入,以村民入股的形式,组建农商联合体联合经营管理,通过村集体经济的壮大来带动农户发展。

乡风文明

加强组织建设　培育文明乡风

——北京市顺义区石家营村以文明乡风
促进乡村建设

走进马坡镇石家营村，映入眼帘的是宽阔洁净的街道、一排排整齐的民居、一座座美丽别致的院落，绿树成荫，花儿次第开放，空气中弥漫着香水月季的味道，耳畔不时传来鸟儿的欢叫声。树荫下的长椅上，老人们悠然自得地坐着休息，内心的惬意洋溢在脸上。

很难想象，今天的美丽宜居乡村，20年前是一个名副其实的"穷村"。近年来，在当地党委、政府的坚强领导和大力支持下，石家营村把握机遇谋发展、与时俱进育乡风、开拓创新聚人心，以乡风文明建设带动村庄各项事业发展。从2000年"推进村级工业大院"到2006年新农村试点改善村内基础设施，从2012年开展抗震节能保温住宅建设让村民住上套均205平方米的二层洋楼到2018年在美丽乡村规划建设中被评为"北京市五星级民俗村"，这个只有183户555人的小村庄实现了从内到外的美丽嬗变。如今，全村村级年税收已突破1800万元，村民人均可支配收入超过3.5万元。在村级党组织的领导下，石家营村先后荣获"全国文明村镇""全国美丽乡村创建试点村""全国民主法治示范村"等百余项殊荣。

一、与时俱进，党建引领"强村基"

石家营村注重发挥村党组织的战斗堡垒作用和党员在乡村治理中的先锋模范作用，坚持把基层党组织建设作为乡风文明建设的重要保障，围绕"抓党建强保障，保民生促和谐"的工作主线，讲政治、严律己、强学习、干实事、敢负责，积极推动基层党建工作与乡风文明建设深度融合。

（一）加强党员教育，培养党员树立"三识"意识。基层党员干部是做好乡村治理工作最基本、最直接、最有效的力量和保障。石家营村通过创立"五个一"工程、"七个一"党建等特色工作机制，不断提升全村党员的党员意识、本事意识和干事意识。新冠肺炎疫情发生之初，村里成立了疫情防控志愿者服务队，在全村招募志愿者，并且迅速成立了由党员任组长、党员及志愿者任组员的四个值守小组，建立了全天四时段值班轮岗制度，为村庄筑起一道严密的疫情防控线。在石家营村新时代文明实践站的墙上，清晰写明了新时代文明实践站的工作体系、建设标准和管理制度。与此同时，村里还先后成立了疫情防控、文化惠民、邻里互助等10支志愿者服务队，"一站十队"，切实打通了服务群众的"最后一公里"。

（二）坚持环境立村，培养村民树立"爱护环境"意识。全面推进乡村振兴，必须补齐农村人居环境这块短板。石家营村要求党员带头做到"砖、瓦、砂、石、木"堆放整齐，从主干道逐步延伸至环路、大小胡同，利用五年时间打造干净优美的石家营村。结合北京市"疏解整治促提升"工作要求，持续推进人居环境综合整治。抓实网格化管理，清理劝退"小低散"等低端企业，"腾笼换鸟"引进现代高端物流等环保企业。建设"绿色村庄",提出"三个不烧",即不烧柴、不烧煤、不烧垃圾。围绕"一个贡献、两个目标",即为首都 PM2.5 值下降作贡献、实现保护村民人身和财产安全两个目标,通过"三上三下"将禁放烟花爆竹纳入村规民约,持续七年实现烟花爆竹零燃放。

(三)创新工作载体,培养村民树立"主人翁"意识。村民是传承乡村优秀传统文化、促进乡风文明建设的践行者。石家营村始终尊重村民的主体地位,有效发挥村民自治的作用,培养村民树立"主人翁"意识,以群众意愿和群众需求为工作起点,鼓励村民参与村规民约的制定,并对村规民约实行动态化管理。目前,经由村民共同参与修订的村规民约,已成为村民日常行为准则,良好的乡风民风在村里逐渐形成,村规民约真正内化为群众的精神追求,外化为群众的自觉行动。为了进一步丰富村民的文化生活,石家营村组织成立了合唱队、舞蹈队、老年人模特队。村民自创村歌《和谐石家营》,两次唱进人民大会堂。村里成功举办了两届全国村歌大赛及北京市首届村歌大赛。合唱队参加了 2018 年浙江省江山市"村歌十年·江山盛典"晚会,获得"最美主旋律"和"传播好声音先锋人物"两项殊荣。老年模特队登上了 2019 年全国乡村春晚的舞台。每逢重大节日,村里都会举办文艺演出,展现村民健康向上的精神风貌,激发村民热爱家乡的乡愁情怀。

在石家营村的街道上,总能看到带着红袖标的老年人,她们是村里的老年志愿者"四服务队"。这支队伍中每名老年志愿者年龄都在 60 岁以上,她们秉承"服务社会、服务全村、服务他人、服务自己"的原则,每天在村内定时定点巡逻,劝阻不文明行为。她们用自己的实际行动,弘扬了文明新风。

二、创新机制，家风文化"铸村魂"

家庭关系和睦是乡风文明与社会和谐的基础。在石家营村，处处体现着"家"的文化理念。家家户户门前都贴有家风、家训和家庭故事，生动地反映出不同家庭的精神风貌。200平方米的村史陈列室以"家"字为型进行布局，主要包含三层含义：一是打造家道文化，弘扬中华民族传统美德；二是倡导"三种人关系"，"年长者是我们的父母，同龄人是我们的兄妹，年幼者是我们的孩子"；三是教育石家营村所有村民不忘家恩，"生在石家营，长在石家营，不管走多远，石家营永远是我们的家"。村民自创的村歌中也特别提到"你献智慧、我出力量，你培养孩子、我孝敬老人"，通过歌声引导村民敬老爱家。

如何让农民小家庭的每个成员都能自觉自愿地参与到村庄大家庭的治理中来，真正形成共建共治共享的社会治理格局？石家营村创新性地提出"以奖代罚"的激励方式，并且建立一系列长效机制，让矛盾、问题尽量不出家，有效地降低了乡村治理成本，让村与家充分融合，以"小家"的和谐稳定带动石家营村"大家"的持续健康发展。

（一）设立"婆媳澡堂"，带动全村和谐。2006年，石家营村借助新农村建设试点村的政策，建立了200平方米的"阳光浴室"，澡堂面向全体村民免费开放，但前提是年轻人必须陪着老人一起来，儿媳妇可以陪着婆婆、孙女陪着奶奶、儿子陪着父亲、孙子陪着爷爷，家里没有老人的，可以陪着邻居的大爷大妈、大叔大婶一起来。一个巧思，不仅让村里的婆媳关系变得亲如母女，更带动了全村的和谐。

（二）通过"以奖代罚"，给予双重奖励。石家营村每年都给老年人发放"营养补助"。为了调动老年人的积极性，村里决定改变"营养补助"发放方式，将其变为必须严以律己律人才能争取到的"精神文明奖"。在遵守各项规定的基础上，老人每月可以获得150—300元不等的奖励，反之则得不到奖励。通过"以奖代罚"，根深蒂固的不文明习惯逐步得以根除。针对村内年轻人和租户的不文明行为，村里加设"操心费"，每位老人每月可领取一笔100元的操心费，让老人通过家庭内部监督，制止和纠正家中年轻人和租户的不文明行为。这样很多问题不用村委会出面，老年人就主动教导身边人积极配合村里各项工作。

（三）实施"三个奖励"，倡导绿色发展。绿色乡村，是未来乡村的发展趋势。石家营村设立了利益导向节水补贴机制，每位村民每月从村内获得3吨免费用水，3吨以上的费用村民需要自费使用，没有用够3吨的则可以根据水费标准折合成现金返还给村民。村里通过将节水与个人利益相挂钩，使节水由外在的要求变为村民个人的自觉行动。这项机制实施后，供水站每年的节水量达到4.5万吨，电费每年节约近4万余元。为了做好垃圾分类工作，村里设立了垃圾门前定点投放奖励机制，村民要在每日早8点前将分好类的袋装垃圾投放到门前对应的垃圾桶内，确保保洁人员及时统一清运。如老人自己没做到，则取消当月精神文明奖励；若老人的子女、亲属、出租房户没做到，则取消老人当月操心费。制定规范停车管理奖励制度，村民将车停在自家院内可获得每年600元的奖励，停在公共停车场可获得每年360元的奖励。外来人员必须将车停在院内或停车场，且按规定交纳"本村集体公共资源使用费"（每辆车每年360

元）。充分利用村庄空闲地建设了10个露天绿化停车场，实现了村庄"环境美观、保洁便利、出行方便、消防畅通和救护及时"的目标。现在，石家营村生活污水处理率达到100％，生活垃圾实现100％无害化处理，街道绿化覆盖率达到98％。

三、立足长远，提升素质"塑村形"

村民的文化水平、技术能力和思想道德素质，直接影响着乡风文明的程度，是村庄外在形象的重要展示窗口，体现着一个村庄的"精气神"。

（一）"三篇文化"提高村民文化素质。石家营村始终关注村民个体的全面发展，2013年提出"精神篇"，即"时代凝聚村庄血

马坡镇石家营村文化活动广场

脉，楷模唤起道德气概，善行引领乡风文明，拼搏需要自律自爱"；2014年提出"孝和篇"，即"孝是孝敬的孝，和是和气的和，孝和是美，孝和是德，孝和遍布石家营"；2015年提出"修养篇"，即"静以修身，俭以养德；忠心孝顺，重情重义；恩怨是非，一笑而过"。

（二）"四个学习"促进村民全面发展。鼓励村民树立终身学习的理念，少年学国学，弘扬中华优秀传统文化，增强文化自信；青年学科学，提高科技素养，实现自我价值，为国家和"小家"添砖加瓦；老年学哲学，修身养性，开阔心胸，感受党和国家的好政策；干部学政策，提升政治判断力、政治领悟力、政治执行力，提升带领村民致富的工作本领。

（三）"送学入村"提高村民生产技能。积极与农广校和北京广播电视大学联系，将老师请进村，免费为村民开办技能培训班、中专班和田间学校等，先后培训村民500余人次，中青年村民全部拿到中专以上学历，有效提高了村民的文化素质和生产技能。制定就业奖励政策，帮助村民联系就业岗位、鼓励创业，村民实现百分百优质就业，被评为"北京市充分就业示范村"。

培育文明乡风，是乡村振兴的重要内容。石家营村以党建引领"强村基"，以"家"文化"铸村魂"，以提升素质"塑村形"，通过一系列体制机制创新，弘扬社会主义核心价值观，重塑乡村社会的精神和文化家园，推动乡村优秀传统文化实现创造性转化和创新性发展，推动形成文明乡风、良好家风、淳朴民风。乡风文明已经成为石家营村一张闪亮的"文化名片"。

专家点评

在推进乡村振兴战略实施的过程中，如何让精神文明建设得到实实在在的弘扬和落实，提振农民群众的精气神儿，是农村工作面临的一项紧迫任务。北京市顺义区马坡镇石家营村坚持和加强党对乡村治理的集中统一领导，坚持依靠群众，通过一系列机制创新，努力构建共建共治共享的社会治理格局，为推进乡村治理体系和乡村治理能力现代化提供了一个很好的示范样本。一是坚持把基层党组织建设作为乡风文明建设的重要保障，充分发挥党的政治功能和组织优势，通过创立"五个一"工程、"七个一"党建等特色工作机制，不断推动党员干部在乡风文明建设中做出示范，带动群众广泛参与乡村治理。二是在乡村治理过程中始终注重培养农民群众的主人翁意识，通过加强村民自治建设，让广大农民群众真正参与到乡村治理中来，极大地增强了乡村治理的活力。三是根据本村的发展实际，探索出了一套"以奖代罚"的激励方式，建立起一系列长效机制，既降低了社会治理成本，又有效提高了乡村治理能力，带动了村庄和谐稳定发展。

打造常态化服务体系
让农村文化"活"起来

——天津市北辰区双街镇强化农村公共文化服务

双街镇位于天津市北辰区中北部，辖15个行政村、9个社区居委会，现有人口8.06万人。近年来，双街镇借助天津市北辰区创建国家公共文化服务体系示范区的契机，把改善农村公共文化服务体系作为一项重要民心工程，打造文化活动阵地，培育文化资源，带动群众参与，构建覆盖城乡、便捷高效的农村公共文化服务体系，将文化惠民落到实处，提高村民幸福感。

一、补齐服务短板，打造农村文化活动阵地

按照"北部新区门户、运河沿线明珠、生态宜居新城、独居魅力名镇"的战略定位，双街镇创新体制机制，多管齐下，从基础设施、组织保障、资金支持等方面补齐服务短板，打造农村文化活动阵地。

（一）加强设施建设，提升硬件支撑能力。双街镇将公共文化供给与建设开发实际相结合，建成了2000平方米镇级文体中心，内设电子阅览室、多功能活动厅、声乐教室、舞蹈教室、瑜伽教室、体育健身室、书画活动室等，每周对公众开放时间达45小时以上，每周接待场次十余场。区、镇、村三级累计投资3360万元，完成全镇

展"瑜"悦身心瑜伽活动公益培训 20 余场，开展各类妇女、儿童手工培训活动 20 余场。

（二）积极培育乡村人才，发挥示范带动作用。在村级换届选举中，双街镇对各村有声望、有意愿投身乡村建设、能够带动乡村发展的人才，调查摸底、委以重任，村"两委"班子成员 80%以上是群众认可的乡村人才。2018 年以来，市、区、镇三级表彰优秀村干部 60 人次。结合实际层层选树道德楷模，培育乡村人才，选树了一批"感动北辰文明人""天津好人""中国好人"等道德模范。例如，双街村党委书记积极发挥乡贤作用，带领村民在建设文化名村方面取得了突出成绩，该村获评"全国先进基层党组织""全国精神文明先进村""中国最美休闲乡村"，《双街村志》纳入全国名村志文化工程。2018 年，村书记带领村民自编自演的小品《双街村，厉害了》参加了天津电视台《津各有戏》节目，深得观众喜爱，并在比赛中取得第五名的好成绩。

（三）重视文化宣传，加强精神文明建设。双街镇在全镇范围内实施"五个一"文化工程，每村设计一个 LOGO，建设一个新时代文明实践站、一个文化广场、一条文化街道、一个便民服务大厅，用墙绘、标语、宣传栏等形式，宣传新时代农村思想文化，让村民出门能见、触目可及、入脑入心。将社会主义核心价值观细化并融入村民生产生活中，广泛开展"幸福水滴"十星创评、"三美家庭"评选等活动，累计对 200 个家庭和个人进行表彰。

三、动员群众参与，提升农村公共文化服务效能

双街镇在各类文化活动场所达标、设备完善的基础上，深入挖

掘当地群众基础好的文化活动,创新活动形式,吸引村民参与,使"文化惠民"真正惠及村民。

(一)发挥文艺队伍带动作用。按照"一村一品、一村一队"的思路,双街镇以双街鲍式八极拳、汉沟两翼猿拳、上蒲口同乐高跷会等市级非物质文化遗产为基础,充分发挥本土文艺队伍作用,调动广大文化志愿者的参与热情,真正让乡村文化"活"起来。同时,连续多年举办元宵佳节万民同乐大联欢,不断丰富和创新节目形式,既有大秧歌、小车会等传统演出,又有非遗特色等新型演出。

(二)调动村民参与热情。双街镇将群众文化活动定位为"老百姓自己的演出",由村(社区)自行组织节目,区文化馆业务干部作为镇街分馆副馆长,调动资源、挖掘潜力,做好相关业务指导,确保活动高质量开展。以春节、元宵节、端午节、中秋节等中华传统节日为切入点,广泛开展"我们的节日"主题活动,宣传普及传统节日知识,通过组织演出、手工制作、烘焙、朗诵等各种类型的活动吸引村民参与。连续举办"乐享运动·筑梦北辰"趣味运动会、残疾人运动会、社区广场舞大赛、儿童才艺展演、迎新春戏剧演出等50余场深得群众喜爱的文化活动,有力调动了村民参与文体活动的积极性。"农民点戏,戏进万家"活动满足了广大群众在家门口就能欣赏到专业文艺院团精彩演出的需要,进一步丰富了群众的精神文化生活。

(三)提升农家书屋服务效能。双街镇共建成镇级农家书屋1个、村级农家书屋15个,实现行政村全覆盖。双街镇还引进了电子书,所有图书均可通过扫描二维码免费下载到手机,方便群众随时阅读。图书馆流动图书服务车也开进街头巷尾,把借阅服务送到百姓家门口,打通公共文化服务"最后一公里",同时也激发了群众的读书热情,村民天天盼着流动图书车到来。以亲子阅读、图书推荐会等经常性读书活动提升村民的文化获得感,每年每村组织读书活动不少于2次。在建党100周年之际,设置"党史学习专架",整理上架党史图书两千余册,为群众提供党史学习图书的借阅服务,并开展"庆祝中国共产党成立100周年——我为群众办实事"党史学习教育系列阅读推广活动。

(四)开展志愿服务活动。聚焦便民生活、扶贫帮困、文明建设等重点问题,打造理论宣讲、法治服务、文化服务、科技科普服务、卫生健康服务等特色服务项目。结合当年的重大事件开展针对性服务,例如疫情期间,成立志愿服务站参与门岗值守、为隔离群众提供生活帮助、宣传防疫知识等服务;宣讲党的十九届五中全会精神,开展理论送基层服务;为庆祝建党百年,开展学党史、明初心系列活动等。截至2021年,双街镇在市志愿服务管理系统注册的志愿者已有1.2万余人,新时代文明实践所(站)项目库已有44项服务项目,其中面向全区开展的志愿服务有7项。现在,每当志愿者标志性的红马甲出现时,总少不了热情的居民群众一起加入,和志愿者一起劳动、一起捡拾垃圾、一起发放宣传单,协助引导秩序……文明志愿之花已在双街镇生根、发芽并且开始徐徐绽放。老百姓脸上洋溢着幸福的笑容,充满了对当下美好生活的感恩,现在老了有人帮,病了有人管,文艺演出送上门,医生免费给检查身体,不懂的政策法规也有人给讲解,还有志愿者给老人科普讲解智能手机的使用方法,孩子们可以上免费的课余活动培训班,由专业的老师授课。

打造常态化服务体系　让农村文化"活"起来

北辰区双街镇上河花园社区开展"快乐成长，巧手涂鸦"活动

专家点评

习近平总书记指出，乡村振兴，既要塑形，也要铸魂。天津市北辰区双街镇充分结合农民需求，打造多样化文化活动阵地，满足了群众日益增长的精神文化需求，让乡村文化价值得到真正释放，值得学习借鉴。一是从群众需求出发。双街镇所有行政村均建有宽敞明亮的农家书屋，且图书种类丰富，设有文化管理员，流动图书服务车也开进街头巷尾，把阅读服务送到百姓家门口。二是注重阵地建设。功能完备、设施齐全的镇级文体中心和村级党群服务中心，成为村民消遣娱乐的好去处。新时代文明实践站服务项目丰富，满足了群众多样

化的需求。双街镇还成立文化站,实现文化活动有专人组织、专人管理,为群众提供更好的公共文化服务。三是打造多元活动。除文艺展演外,还开展各类妇女、儿童手工培训等公益活动,趣味运动会、儿童才艺展演等文化活动,亲子阅读、图书推荐会等全民阅读推广活动,"农民点戏,戏进万家"活动,丰富了群众的精神文化生活。

戏曲进乡村　唱出大天地
——河南省新郑市大力推进乡村文化建设

轩辕黄帝故里新郑，不仅有悠久的历史传统和丰富的文化资源，而且还是河南有名的"戏窝"。新郑市隶属河南郑州，总面积873平方公里，辖16个乡镇（街道、管委会），户籍人口63万，常住人口100万。近年来，新郑市紧贴戏曲文化群众基础深厚的实际，以"戏曲进乡村·欢乐进万家"文化惠民工程为抓手，以保障人民群众文化权益为目标，坚持政府主导、社会参与、全民共享，把戏曲进乡村工作纳入公共文化服务体系建设，推进文艺在乡、文化兴村，致力于建立全民覆盖、普惠共享、城乡一体、均等服务的基本公共文化服务体系。新郑市先后获得了"全国文化先进县（市）""河南省公共文化服务体系示范区创建单位"等荣誉。2018年，全国戏曲进乡村工作现场会在新郑召开，新郑戏曲进乡村活动也被列入首批全国农村公共服务典型案例。

一、满足群众需要，真正把戏"送下乡"

新郑老百姓爱听戏、爱看戏、爱唱戏，远近皆知，基本上是"锣鼓一响，脚板就痒"。新郑市把"戏曲进乡村"作为丰富群众文化生活的一项重要惠民工程，不断满足群众日益增长的文化生活需求。

（一）送戏就要送到群众心坎上。戏曲要深入群众生活，首先要有足够吸引力，保证送下去的戏是乡村群众喜欢的。新郑市通过媒体广泛征求群众意见，根据群众的需求，适时调整戏曲进乡村演出剧目，并在每场演出结束后，向现场群众发放《戏曲进乡村调查问卷》，在群众对演出打分的同时，征求对节目、送戏下乡时间和场次的意见，根据反馈意见酌情调整送戏目录，实现由"政府端菜"到"百姓点单"，真正让群众满意。

（二）好戏送到群众家门口。梨河镇新蛮子营村74岁的村民陈某提起政府送戏下乡活动，脸上乐开了花，他说，"俺们这里离镇上近，周围都有戏迷活动，月月都有省市戏曲院团演出，在家门口就能大饱耳福"，"几天不看戏，浑身不自在。老少爷们出门就能看到戏，天天活在欢乐中，生活过得真幸福"。近几年，新郑市先后购买河南省豫剧三团、省曲剧团、省越调剧团和郑州市曲剧团精品戏演出50场，不但有《朝阳沟》《焦裕禄》等优秀现代戏，也有《收姜维》《清风亭》等经典传统戏，大量的戏曲节目既让群众特别是戏迷们过了把瘾，又传播了社会主义核心价值观，弘扬了中华优秀传统文化。

（三）满足群众更多听戏看戏的需求。新郑市从2002年开始，连续20年开展"百场演出送农民"和"共走创业路，同唱和谐曲·百场戏曲巡演"活动。随着新型城镇化步伐的不断加快和乡村振兴的实施，每年200场的演出已经不能满足人民群众的生活需求，新郑市进一步加大政府购买力度，扩大购买范围，逐年增加演出场次，现已增至每年300场。2015年以来，市财政总计投入演出经费1200余万元、购买演出2560场，实现了每个行政村每年看2场戏的目标，让群众享受经典文化的乐趣，不断丰富群众的精神文化生活。

二、培育带不走的队伍，把戏"种下去"

演几场戏就走了，群众深感"不解渴"。戏曲不但要送，也要种。在乡村种下更多戏曲种子，让农民"看戏"之外还能"学戏"，打造一批带不走的农民剧团，让戏曲在乡村能够持续下去。

（一）紧抓戏曲人才培育。新郑市积极实施"百千万"文化惠民工程，建立健全市级培训乡镇戏曲骨干、戏曲骨干回乡镇培训村级戏曲志愿者、志愿者回村培训身边戏曲爱好者的梯级培训机制，广泛开展戏曲艺术普及活动。自2014年以来，累计投入培训经费2000余万元，举办各类培训班400余期次，培养戏曲骨干和爱好者8000余人次，发展文化志愿者5000余人。新郑市豫剧团抽出各个行当骨干，组成16个小分队，一对一分包16个乡镇（街道、管委会），辅导其提高创作水平和表演能力。对乡村演艺人员相对固定、人才相对集中、整体素质较高、管理较为规范的自娱自乐班队，给予演出设备器材补缺扶持，激励其常年开展活动。目前，全市拥有业余演出班队200余支，自娱自乐演唱活动随处可见，已然成为群众文化活动的一道靓丽风景线。

新郑市和庄镇的老庄刘村，通过结对子育骨干、结对子种文化，"种"出了一个老庄刘村剧团。这个剧团原来只有寥寥几人，如今已有30多人，通过市豫剧文化演艺中心专业演员手把手教学，老庄刘村剧团演员的表演水平迅速提高，现已能够演出豫剧《秦香莲》《打金枝》《穆桂英下山》《福满具茨》等剧目，并由政府出资购买服务，到周边各村演出10多场，受益观众3万人次。

（二）开设名家"传艺所"。2017年，新郑市孟庄镇综合文化服务中心开设了"戏曲名家传艺所",先后邀请不同行当的省内戏曲名家,定期为当地和周边乡镇戏曲骨干授课传艺,受益者达3000余人次。省豫剧院三团负责人介绍,团里的演职人员一年最起码要有三四个月的时间在农村,到群众身边演出、搞培训,当地的老百姓经常跟他开玩笑说,以前光在电视上看到你们,现在终于见到真人了。

(三)推动戏曲进校园。新郑市从乡村挖掘培养戏曲后备人才,再反哺乡村,让新郑人看到了戏曲进乡村得以持续的希望,解决了"明天谁唱戏、谁送戏"的人才匮乏问题。同时,新郑市中小学校把戏曲艺术纳入教育课程计划,编写课本教材,每两周开设一节戏曲知识课程,让老师成为传播戏曲的使者,让学生学唱、会唱、唱响传统戏曲,在校园埋下戏曲的种子。

新郑市戏曲进校园展演

三、强化基础保障，让戏"活起来"

为确保"戏曲进乡村"活动可持续发展，新郑市坚持科学谋划，加大投入力度，夯实基础保障，做到"戏曲进乡村"常态长效。

（一）健全工作推进机制。新郑市成立了由市委、市政府主要领导牵头的领导小组和专家委员会，定期听取汇报，研究推进措施，协调有关事宜，形成了"市委主导、人大监督、政府督查、政协调研、半年考核、年终验收"的工作格局，确保文化服务体系建设有效推进、健康运行。新郑市采取平时督查与年底考核相结合、村（社区）回执单与群众问卷调查相结合的办法，对送戏进乡村开展情况进行评估考核，并将考核结果与预算安排、经费结算和奖惩兑现等挂钩，切实以真奖实补调动工作的积极性。采取定补加奖励的办法，政府每场定补3000元，对演出质量高、群众评价好的再给予一定奖励，累计投入资金200余万元，购买优秀民营剧团和文化志愿者团队演出500余场。

（二）加强文化基础设施建设。演戏看戏得有台子，还得有家伙，不然要不起来。新郑市自2016年起实施基层综合文化设施建设三年行动计划，对原有的乡镇文化站、村级文化大院等进行全面升级改造，村村建文化广场、演艺舞台和室内多功能活动厅。出台奖补政策，每建成一个乡镇（街道）综合文化服务中心奖补20万元，每建成一个村级综合性文化服务中心奖补10万元，每建成一个社区综合文化服务中心奖补20万元。目前，基本实现了乡村两级综合文化服务中心全覆盖，和庄镇老庄刘村综合性文化服务中心、梨河镇新蛮子营村综合文化服务中心等一批各具特色的乡村戏曲舞台成为农村的"文化地标"。

（三）加大资金投入力度。2015年以来，新郑市财政累计投入文化事业经费近6亿元，年均增幅达13.9%。2020年又增加投资8亿元，全面启动市级综合文化艺术中心、图书档案方志馆等大型文化设施项目建设，预计2021年底建成并投入使用。新郑市实施"戏曲进乡村·欢乐进万家"活动，已形成村村有阵地、处处有舞台、人人是演员、天天受教育、场场得民心的局面，群众幸福感、获得感、归属感进一步提升，党群、干群关系进一步密切。

四、搭建戏曲大舞台，唱响时代新乡风

通过搭建线下线上各种平台和载体，充分调动群众的积极性，让大家既"鼓口袋"又"富脑袋"，通过戏曲唱响乡村振兴的时代赞歌。

（一）办好戏迷擂台赛，扩大群众参与面。新郑市连续15年在炎黄广场举办综艺晚会或戏迷擂台赛，每年演出50余场次，数千名文艺爱好者登台献艺，年受益观众30余万人次，"百姓大舞台"戏迷擂台赛已经成为新郑群众文化活动的特色品牌。在这一品牌带动下，全市各乡镇（街道、管委会）连年举办群众文化艺术节，坚持把戏迷擂台赛作为艺术节的重头戏，"戏迷擂台赛"逐渐成了新郑戏曲进乡村的一大特色和亮点。如今在新郑的炎黄广场"百姓大舞台"常演不衰，各乡镇群众文化艺术节、"戏迷擂台赛"如火如荼，不少农民戏迷下地干活也不忘背词，极大地调动了戏迷广泛参与的积极性，推动了戏曲进乡村工作蓬勃开展。

（二）打造戏曲"云平台"，让群众随时随地能看戏。结合国家

文化资源配送平台、国家公共文化云建设，新郑市作为河南省首批30个公共文化数字工程建设试点县市，建立了郑韩文旅云，与河南省数字文化平台、郑州文旅云平台共享，整合各类戏曲资源进行数字化处理，从"实体送戏"拓展到"数字送戏"，让群众随时随地可以看到想看的精品剧目。

（三）整合戏曲资源，打造戏曲小镇。结合乡村文化特色、文化发展现状以及村民的文化需求，建立"戏曲合作社"，打造梨园戏曲小镇。2021年，新郑市有效整合各类文化资源，开展文化志愿服务乡村行活动，在新村镇梨园村、和庄镇老庄刘村挂牌成立"戏曲合作社"，打造梨园特色戏曲小镇。2021年"五一"期间，成功举办"梨园有戏"梨园戏曲文化节，多家专业院团、民营剧团轮番登台演出，豫剧名家与戏迷同台演出，让周边群众过足了戏瘾。

自从开展送戏种戏活动后，村民的精神风貌发生了巨大变化，以前村里没人唱戏，鸡毛蒜皮的问题很多，邻里之间不和睦，甚至有的多年不来往。现在唱戏的多了，看戏的也多了，喝酒打麻将的少了，惹是生非的人更少了，特别是种戏在村后，村民们相互切磋，比比看谁学得快，邻里关系更加和睦，乡风变文明了，风气也正了，到处是一派其乐融融、和谐共处的景象。

专家点评

文化振兴是乡村振兴的重要内容，是乡村振兴之魂。当前，乡村文化建设普遍存在供给不足、形式单一、农民群众参与积极性不高等突出问题。新郑市从戏曲文化底蕴深厚的实际出发，实施"戏曲进乡村·欢乐进万家"文化惠民工程，加大文化供给力度，不断完善公共文化基础设施建设，强化基层文化阵地功能。送戏、种戏相结合，让农民群众由台下的"戏迷"变成台上演戏的"角儿"，满足群众文化生活需求的同时，激发群众的主动性和参与意识，推动戏曲艺术深入生活、扎根人民。加强传统文化传承的人才培育，从乡村挖掘培养戏曲后备人才，再反哺乡村，缓解了"明天谁唱戏、谁送戏"的人才匮乏问题，推动戏曲进乡村可持续发展。戏曲艺术已成为新郑人不可缺少的精神乐园，农民群众忙着听戏唱戏，在潜移默化中接受传统文化的熏陶，通过戏曲文化滋润文明乡风，为乡村振兴注入强劲动力。

抓实客事从简　建设文明乡风

——云南省大理白族自治州推进移风易俗的实践

大理白族自治州位于云南中部偏西。全州总人口361.88万，有白族、汉族、彝族、回族等13个世居民族。大理州的客事曾经是恼人烦心的"人情债"，不仅名目繁多，而且开支也很大。攀比之风盛行，当地干部群众深受其害，却又无可奈何。近年来，在中央有关"推进移风易俗，建设文明乡风"的精神指导下，大理州倡导移风易俗客事从简（以下简称"客事从简"），树立文明乡风，取得了明显成效。

一、大力开展宣传教育，让广大群众知晓

大理州把客事从简融入社会主义核心价值观的宣传教育中，充分利用电视、广播、报纸、网络等媒体和户外广告、主题公园、主题广场等载体，广泛宣传、解读社会主义核心价值观和客事从简相关内容，推动核心价值观和移风易俗客事从简进机关、进乡村、进社区、进家庭、进学校、进企业、进军营，做到同步宣传、同步教育。大理州成立了大本曲宣讲团、剑川白曲宣讲团、新时代公民道德建设宣讲团、苍洱青年宣讲团，针对不同群体，用广大群众喜闻乐见的大本曲、白曲等说唱方式宣讲社会主义核心价值观和客事从

简相关内容。永平县探索出了以"开展一次基层巡回宣传活动，培养一批产业致富带头人，开展一次法制宣传教育活动，开展一次严厉打击违法行为专项行动，开展一次弘扬生育文化、倡导婚育新风活动，开办一批当家人理财培训班，开展一堂'科学理财、文明生活'教学课，开展一次集体'三清洁'活动，开展一次媒体集中宣传活动，创作一批通俗易懂的文艺节目"等"十个一"为载体的"科学理财、文明生活"主题宣传教育活动，向广大农民群众宣传生活的新观念、理财的新诀窍、和谐的新要素。

二、精神文明创建引导，让广大群众重视

近年来，大理州创建全国文明城市取得明显成效。截至 2020 年底，大理州共有 15 个全国文明单位、15 个全国文明村镇、4 所全国文明校园、3 户全国文明家庭；有 169 个省级文明单位、80 个省级文明村镇、8 所省级文明校园、8 户省级文明家庭；有 455 个州级文明单位、120 个州级文明村镇、65 所州级文明校园、10 个州级文明行业、80 户州级文明家庭。大理市、剑川县被中央文明办确定为 2021—2023 年创建周期第七届全国文明城市提名城市；宾川、洱源、永平、巍山、剑川 5 个县城被命名为云南省文明城市。大理州把推动客事从简作为精神文明创建的重要内容纳入文明城市、文明单位、文明村镇、文明校园、文明家庭创建和推荐评选的考核指标和测评体系。严格实行"一票否决"制，凡出现铺张浪费、大操大办、不文明闹婚等现象的，一律不得参加精神文明创建推荐评选，形成点线面结合、以城带乡、城乡共建的精神文明建设联创格局。大理州还以"美丽大理·美德先行"主题活动为载体，加强社

会公德、职业道德、家庭美德、个人品德教育，弘扬传承优秀传统文化和家风文化，广泛推行"善行义举榜"，充分发挥各级道德模范在推动客事从简中的示范引领作用。2014年以来，大理州共命名"最美家庭"584户、"五好文明家庭"79户、"最美母亲"240名；40户家庭获云南省"最美家庭"称号，18户家庭获云南省"五好家庭"称号；15户家庭获全国"最美家庭"称号，4户家庭获全国"五好家庭"称号。如今，这些家庭已成为广大群众争相学习的榜样。

三、村规民约建章立制，让广大群众参与

大理州坚持党政倡导推动客事从简与村民自治相结合，将党委、政府的主张转化为广大人民群众的自觉行动，变"要我做"为"我要做"。在实施过程中，农村红白理事会等推动客事从简工作机构的产生、村规民约等规章制度的形成都充分听取和尊重群众的意见。通过制定村民代表会议制度、村民理事会章程、村民监事会章程和村规民约，形成了以村级党组织为核心、村民自治理事会为补充、村民监事会参与监督、村民广泛参与的管理机制。具体到每个村的一场客事能办几桌、酒席标准是多少、菜品是几个、烟酒的价位不能超过多少，等等，都由群众参与制定，一致通过后形成各村《关于移风易俗客事从简的规定》，并纳入村规民约，大家共同遵守执行。充分发挥村老年协会、洞经会、莲池会、文艺队等民间组织和乡村人才在推动客事从简中的重要作用。南涧县召开乡镇客事从简工作动员大会，制定工作方案，开展业务培训，指导各村按程序制定《红白理事会章程》《关于移风易俗客事从简的规定》，选举产

生红白理事会班子，指导红白理事会开展各项工作，把推进客事从简工作办成合民心、顺民意的惠民工程，办成为民办实事、办好事的"减负"工程。大理镇还建立了61个办客点，实现了镇域范围的全覆盖。龙下登自然村从2015年开始就腾出专门的场地，置办了碗筷、桌椅板凳，建立统一收集的污水处理池，食品统一抽检，实现办理统一地方、统一规模、统一缴费。

四、党员干部作出表率，让广大群众可学

"群众看党员，党员看干部"，党员干部带了头，作了表率，老百姓也就心服口服了，客事从简工作就得以顺利推进。在推进客事从简过程中，大理州先用党纪政纪对党员和各级领导干部进行规范约束，再探索通过村规民约引导村民，从而引领社会风气逐渐转变。大理州要求党政机关、企事业单位干部职工发挥好表率作用，带头执行《大理州国家公职人员客事办理规定》，动员家属及亲朋好友积极响应客事从简的倡导，为营造良好社会风气作出积极贡献。号召广大党员、各级人大代表、政协委员、村（组）干部、村民代表支持客事从简工作，带头遵守当地的相关规定。办理宴请需申报审批，违规操办将被通报。大理州明确国家公职人员可以办理客事的范围为：本人、子女结婚，父母、配偶、子女丧事。结婚客在办客10日前申报审批，丧事在事后15日内报告办理情况。厅级干部向州委申报审批或报告，州级各部门主要领导、县市党政主要领导报州纪委审批，州级各部门其他人员由部门主要领导审批后报联系的纪工委备案，县市其他人员的申报审批由各县市制定。漾濞县专门印发了《全面推进客事从简工作方案》，在全县范围内全面推进客

事从简工作，全县上下紧紧围绕"干群同向，确立一个目标；干群同心，制定一套规矩；干群同力，建立一套机制；干群同等，确定一个标准；干群同责，抓好一个方案"等"五同五一"工作措施，扎实推进客事从简工作。由于干群同等执行一个标准，在责任上，强化领导干部、党员的示范带头作用；在违规处罚上，加大对公职人员、党员干部的处理力度，大大增强了党员干部的公信力。

五、紧密结合脱贫攻坚，让广大群众节支

坚持物质脱贫与精神脱贫并举、扶贫与扶志扶智并重，把客事从简作为脱贫攻坚的重要任务来抓。大理州出台了《关于在全州脱贫攻坚战中实施群众文明素质提升工程的意见》，全力实施群众文明素质提升"五大工程"，扎实推进"自强诚信感恩"活动，深入细致地向群众宣传"节约也是增收"的理念，不断提升群众的思想道德、政策法纪、科技文化、持家治家和生态环保等素质。以前，一个冬天有三个月的时间家家利用各种名目办客事，村民们轮流帮忙、做客，根本没有时间考虑发展的事情，既劳民又伤财。巍山县马鞍山乡红旗村委会芝麻坎村易地搬迁点新居落成，40户搬迁户入住新居。村小组长算了笔账，要是村里每户办一次，每户需要两天，40户村民就有80天在办客事。两个多月都是在请客帮忙，怎么做活计？就算每户都按照最少的礼金50元来算，每家都得送出去2000元。客事从简以后，广大群众增强了勤俭节俭的意识，进一步树立了脱贫致富的信心、激发了脱贫致富的动力、增强了脱贫致富的本领，如期实现了脱贫致富奔小康的愿望和目标。

大理镇南五里桥村五好文明家庭、"平安家庭"示范户

六、弘扬优秀传统文化，让广大群众明理

　　大理州各民族群众在客事办理过程中蕴含和传承着极其丰富的优秀传统文化，如尊老敬老的孝道文化、向上向善的勤勉文化、互帮互助的邻里文化、和谐温馨的亲情文化，等等。走进白族村寨，随处可见照壁上的"清白传家""百忍家风""琴鹤家声""青莲遗风"等家风家训。大理州尊重当地风俗习惯和民族习惯，从实际出发，不搞"一刀切"，既倡导客事从简，又注重优秀传统文化的传承弘扬，同时倡导厚养薄葬，尽孝要尽早，提倡和鼓励火葬。由于大理州各地逢年过节、婚丧嫁娶、农闲空暇都要弹唱大本曲，大本曲自古以来一直是白族生活中的重要文化活动形式。因此，在客事

办理中，利用大本曲这样的形式宣传党的政策，弘扬一些道德典型，让广大群众在简朴的客事中明白了道理。

七、整治各类不良行为，让广大群众安心

倡导婚事新办，树立新型婚俗观。提倡婚礼仪式简朴大方，激励新人勤勉自强，破除婚事活动中的各类低俗陋习，自觉抵制滥发请柬增加负担、大办宴席铺张浪费、婚车成串影响交通、鞭炮齐鸣污染环境、猜拳酗酒滋事扰民等不良现象。加大宣传教育力度，依法整治不文明闹婚行为，根据《中华人民共和国治安管理处罚法》等法律法规，由公安、交警、城管等执法部门对不文明闹婚行为进行依法整治和处罚。

通过各级各部门和广大干部群众的共同努力，大理州推进客事从简工作取得了较好的实效。一是农村客事减少了。农村客事数量和农民客事支出均压缩了近四成，动辄几十桌"杀猪饭"的场面很难见到了。二是干群关系密切了。各级干部经常深入基层，耐心细致地做群众的思想工作，进一步拉近了与群众之间的距离。三是发展能力增强了。群众的客事支出减少了，可用于发展经济的支出增加了；做客应酬的时间减少了，发展生产、建设家园的时间增加了；广大群众的发展能力增强了，投身乡村振兴的信心更足了。四是社会风气好转了。醉酒闹事、酒后驾车、客场上赌博等现象大大减少了，歪风邪气刹住了，正气弘扬了，社会风气明显好转。

专家点评

树立文明乡风是推动社会主义核心价值观在乡村落地生根的必然要求。大理州为解决老百姓客事多、负担重的问题，积极推动客事从简，建立了长效机制，成效显著。其经验在于，要贯彻党中央决策，保障客事从简工作坚持正确方向。按照党中央的决策部署，逐步革除干部群众头脑中的"人情"思维和生活中的一些不良习俗和风气，减轻干部群众的经济负担和精神负担，以优良的党风促政风带民风。要尊重群众意愿，保障客事从简工作得到群众拥护和支持。推进客事从简工作，真正体现了"思想上尊重群众、政治上代表群众、感情上贴近群众、行动上深入群众、工作上为了群众"。要坚定文化自信，保障客事从简工作传承优秀传统文化。全面推进客事从简工作，顺应和满足广大人民群众对精神文化生活的需求，摒弃与时代发展不相适应的陈规陋习，批判地吸纳民间新创造的元素。要坚持久久为功，保障客事从简工作的长期性和制度化。只有常抓不懈，才能不反弹回潮，才能深入人心、成风化俗，真正成为文明节俭新风尚。

治理有效

"街乡吹哨 部门报到"
党建引领创新基层治理

——北京市平谷区探索乡村治理新机制

"街乡吹哨、部门报到"工作是推进首都治理体系和治理能力现代化的一项重要改革。平谷区深刻把握首都远郊区基层治理规律和特点，坚持问题导向、系统思维，充分发挥党建"引领发展、凝聚共识、保障落实"的作用，在实践中不断深化"街乡吹哨、部门报到"工作，为破解基层治理"最后一公里"难题，走好新时期的群众路线探索了新路径。

一、党建引领，"吹哨报到"机制落地生根

（一）初建"吹哨报到"机制。为解决问题突出的金海湖镇砂石盗挖盗采现象，提出"乡镇吹哨、部门报到"，赋予乡镇联合执法召集权，一旦乡镇"吹哨"，相关部门务必在规定时限内集体现场"报到"，开展联合执法，基本杜绝了全区范围内的砂石盗采和破坏生态等底线问题，形成了以解决突出问题为主的"街乡吹哨、部门报到"机制的 1.0 版。

（二）深化"吹哨报到"机制。金海湖试点成功后，平谷区坚持在实践中深化"吹哨报到"机制，立足"生态立区、绿色发展"战

略，坚持"治乱象、打基础、优环境"，将人力、物力、财力向街乡倾斜，在日常监管上，实现对地域全覆盖，环保、安全、治安等重点工作领域全覆盖，从"执法哨"向"管理哨"升级，完善形成了以日常监管为主的"吹哨报到"2.0版。

（三）升华"吹哨报到"机制。在推动"街乡吹哨、部门报到"改革过程中，平谷区始终坚持以人民为中心的发展理念，继续深化改革，探索以推动发展为主的3.0版吹哨路径，推动综合执法升级到综合服务、综合发展。如，对西寺渠便民早市开展了综合整治，建立了一批减证便民、代办服务、就业保障工作制度，人民群众得到了实实在在的获得感和幸福感。针对金海湖镇茅山后村发展瓶颈，创新运用"村级吹哨、区镇报到"机制，召集10余个区直涉农部门入村会诊把脉、献计出力，有效解决该村"佛见喜梨"产业资金不足、销售渠道不畅、规模效益不强等问题，村级发展路径进一步拓宽。

二、深化运用，"吹哨报到"机制重心下移

（一）人员下行，解决群众身边更多问题。出台《关于推动工作力量下沉基层一线的实施意见》，建立执法力量下沉、攻坚任务选调、驻村联片包户、部门服务基层、回社区报到、人才到村任职以及"下评上"的"六下一评"工作机制，各级干部服务基层更为直接。通过执法力量下沉，全区1000多名干部下沉基层参与综合执法；通过攻坚任务选调，全区调配200多名干部深入基层一线开展攻坚行动；通过驻村联片包户，实现80个工作队396名干部入村服务；通过部门服务基层，700余名驻镇、驻村、驻企专责干部上门为群

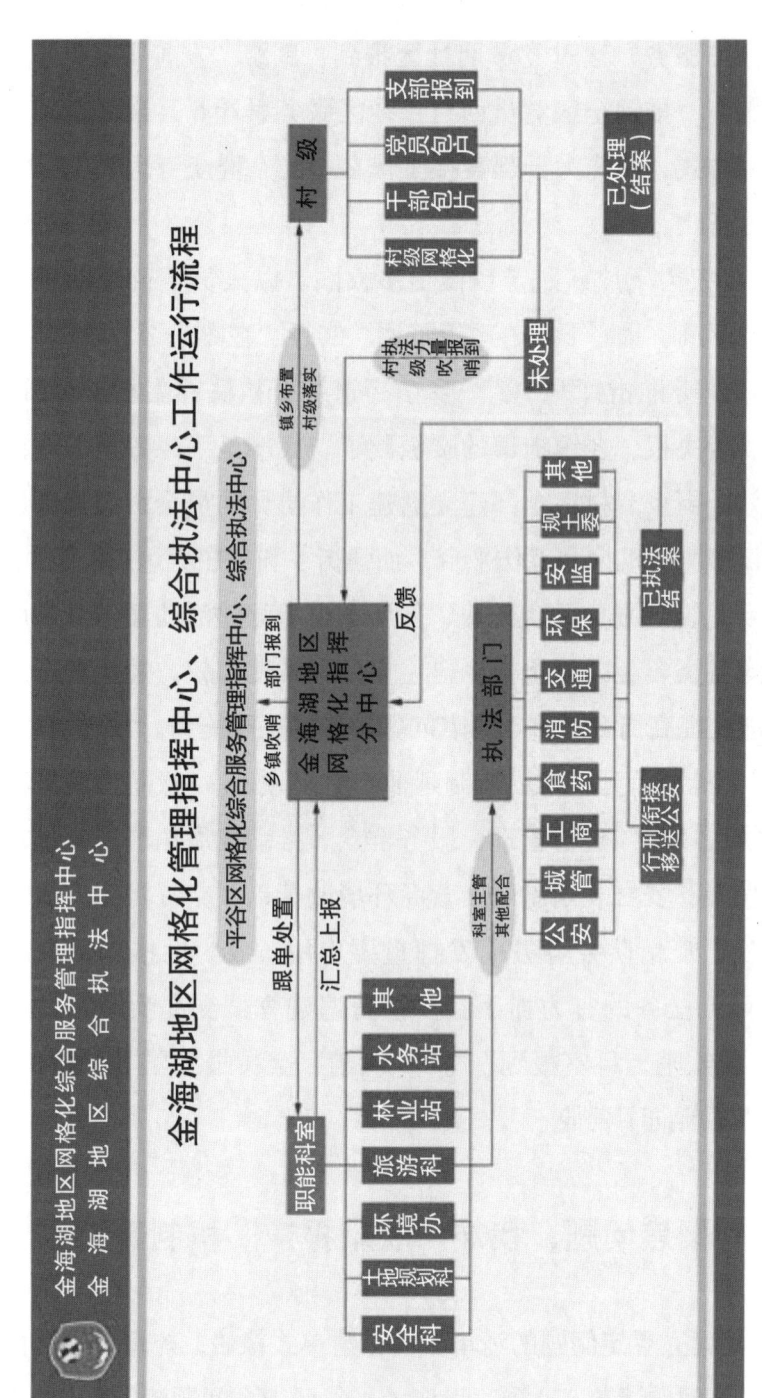

金海湖地区网格化管理指挥中心、综合执法中心工作运行流程

平谷区金海湖镇综合执法中心工作流程图

众提供便捷服务；通过党员回社区报到，围绕"友善平谷"、疫情防控等工作，推动全区党员回村、社区服务累计6万余人次。通过这种下沉方式，使广大干部直接工作在一线，群众身边的问题解决得更快更高效。

（二）权力下放，赋予乡镇更多权限。以人员下行带动权力下放、资源下沉、重心下移、政策下调。实行"在哪吃饭、在哪干活、在哪考核、听谁指挥"，赋予乡镇街道综合执法召集权、评价权、考核权、否决权，乡镇街道的腰板硬了、底气足了，各项工作推动更加有效。街乡、村庄全部建立党建工作协调委员会，固化区域化党建的议事协商机构和工作平台，加强街乡和村庄党组织统筹能力。整合城乡党组织服务群众经费、基层党组织党建活动经费、基层组织运转等各类资金，赋予街乡自主支配经费使用权，强化资金统筹使用效能，提高街乡对重点难点问题解决的保障能力。

（三）机制下延，推动机制延伸至更多领域。"吹哨报到"机制从综合执法逐步向日常管理、服务群众、推动发展拓展，在推动村级产业发展、乡村规划制定、营商环境改善以及空气污染防治、河长制落实、疫情防控等方面发挥重要作用，成为助推和保障中心工作和重点任务的有力抓手。乡镇普遍建立"支部吹哨、党员报到""村居吹哨、科室报到""河长吹哨、全员报到"等工作机制，工作重心不断向下延伸。

三、聚焦问题，找准"吹哨报道"机制着力点

（一）建立界定问题的清单。实行清单式执法，梳理本辖区内全境、全要素问题清单220项，形成《平谷区街乡问题清单汇总》，将

全区40项重大综合执法事项、219项问题、1845项执法部门权责清单全部录入信息系统，并实现动态调整。进一步明权、明责、明法，把问题清单转化为执法目标，分解执法责任，落实9大项、1167条责任。根据责任清单，对"吹哨报到"工作进行专项督查，形成绩效清单，根据执法效果及时销账，督促执法进度和效果，保障工作实效。

（二）织密发现问题的网格。当前基层治理中还存在大量的动态、法定职权范围外但群众关切的问题，亟须多方汇集群众关注的问题线索，构建面向问题有效响应的工作格局。在工作中，平谷区用好基层网格力量，整合协管员组建综合巡查队、区领导包乡镇、机关干部下沉、党员包片包户、12345热线、微信App等实现全方位汇集问题线索，建立了多元化问题发现机制。如，兴谷街道划分为23个网格，其中社区网格18个、村级网格5个。每个网格设置1名全职网格员。每个社区设置副网格长、网格长各1名，并将社区网格化管理真正融入社区管理之中，实行星级化管理，取得了良好的效果。

（三）健全解决问题的响应机制。实现"哨响及时报到、自觉报到"。建立了多层次分派处置的解决问题机制，按照一般性处置、一般性执法、综合执法、应急处理等对应不同处置主体和处置方式，实现有效响应。

四、闭环管理，筑牢"吹哨报道"机制支撑点

（一）规范流程。在"乡镇吹哨、区级部门报到"机制应用于金海湖镇工作且取得初步成效后，注重探索哨源形成、街乡分析研判、街乡吹哨、区级平台受理、部门报到、评价监督、结果反馈等工作流程，形成了完整的"街乡吹哨、部门报到"工作闭环流程，做到

吹哨有部门应、部门报到有效果，形成了良好的实操范本。如，以打击盗挖盗采、化解海子村信访问题、推进"生态桥"治理工程、治气等为主的"乡镇吹哨、部门报到"模式，以大货车治理、庙会筹办、治土等为主的"一门主责、部门配合"模式，以"三防"、治水等为主的"部门要求、乡镇落实"模式。通过问题倒逼形成的"三协同"工作模式，增强了条块合力，形成了有效工作闭环，在基层治理中取得了明显成效。

（二）精准施策。针对各类问题情况，建立了协商对接机制、联勤联动机制、快速处置机制、信息共享机制、监督考评机制和综合保障机制，建立街乡和部门的工作运行流程清单，明确"预备哨""集结哨""冲锋哨""终场哨""监督哨"等工作流程，确保"街乡吹哨、部门报到"机制有效运转。自推进"吹哨报到"工作以来，有力保障了"扫黑除恶"、环境治理、"大棚房"整治、低收入农户"脱低"、美丽乡村建设、营商环境改善等工作的推进落实，确保了疏解整治促提升各项任务全面完成，全区PM2.5平均浓度同比下降23.0%，5个国家和市级考核断面水质全面达标，金海湖水库水质近20年来首次达到地表水二类标准。

（三）督查问责。健全"政府督事、区委查责"的督查工作体系，制定对落实区委区政府重大决策部署和重点工作任务实施不力问责的办法，对在项目推进、环境治理、大气治理等工作中基层党组织和党员干部不作为、慢作为、乱作为行为严肃追责问责。

五、探索创新，"吹哨报到"机制促进善治

（一）带动区、街乡机构改革，形成简约高效的基层治理体系。

平谷区立足构建简约高效的基层管理体制,将"吹哨报到"与区、街乡机构改革统筹规划、同步推进,合理设置和配置各层级机构,厘清职责清单,增强基层工作效能和服务能力。以群众和基层治理需求为出发点,注重理顺管理关系,以"街乡吹哨、部门报到"的形式,简化工作程序、提高处置效率,为实现基层治理体系和治理能力现代化提供坚强的组织保证和制度保证。

(二)带动权责利益理顺,规范了基层组织运转。"街乡吹哨、部门报到"是基于现有法律、机构、职责,对运行机制重新梳理和调整,核心是依法行政,通过厘清部门职责、规范行政程序,使街乡统筹有了权力依据,部门合作有了机制保障,"条、块"之间既边界清晰又相互衔接。在探索党建引领"街乡吹哨、部门报到"机制中,坚持法治共治精治,加强完善法治保障,逐条梳理部门责任清单,使法治成为开展工作的指挥棒,工作关系进一步理顺,为解决基层重点难点问题和各项改革提供坚强的保证。

(三)带动党风政风转变,服务基层见实效。"街乡吹哨、部门报到"有力促进了机关作风转变,解决了困扰基层多年的难题。党员干部把群众的呼声作为心中永远的哨音,深入基层一线、深入群众,解决问题、做好服务,进一步密切党群干群关系。提高了党员干部服务群众的能力和效果,打通了服务基层"最后一公里",群众的获得感、幸福感、安全感逐渐攀升。

(四)带动形成抗疫合力,打赢疫情防控阻击战。面对新冠肺炎疫情,平谷区充分发挥党建引领"吹哨报到"机制作用,广泛整合各方力量,推动形成"区域统筹、条块协同、上下联动"的联防联控、群防群治工作格局,为疫情防控一线提供有力支持。全面启动"街乡吹哨、部门报到""村居吹哨、干部报到""支部吹哨、党员报到""网格吹哨、全员报到"的"四报到"机制，以行政体制为主导，充分调动各类社会力量，实现快速响应、协同行动。全区共派出 3200 名机关干部常态化下沉村、社区一线，2 万名党员向基层支部报到、建立临时党支部 1369 个。党员干部参加值班值守、夜间巡查、环境消杀、宣传发动、摸排核查等工作，切实解决乡镇街道疫情防控中的实际困难，实现了平谷区新冠肺炎"零感染"。

专家点评

伴随着城镇化进程的加速推进，我国城乡基层社会结构、生产方式和组织形态发生了深刻变化，党领导的基层治理面临许多新情况新任务新挑战。基层治理方面存在许多亟须解决的问题，如横向部门协作意识不强，纵向基层力量不足，管理执法衔接不紧，社会参与程度不高，干部担当作为不够，等等。为破解基层治理"最后一公里"难题，北京市平谷区探索形成了党建引领"街乡吹哨、部门报到"工作机制：当街乡遇到需要跨部门、跨区域解决的难题时，由街乡"吹哨"，充分发挥统筹协调功能；相关部门"报到"，让各类管理力量在街乡综合下沉、力量聚合，形成权责清晰、条块联动的体制机制。"街乡吹哨、部门报到"牢牢抓住党建引领这个根本，紧紧围绕重心下移、权力下放、资源下沉，以推动街乡管理体制机制创新为突破口，着力构建简约高效的基层管理体制,建立健全服务群众的响应机制,激励干部在"吹哨报到"中担当作为,切实保证了基层事情基层办、基层权力给基层、基层事情有人办的格局。

党建引领多维联动 推进乡村治理现代化
——辽宁省盘山县乡村网格现代化治理模式探索

盘山县位于盘锦市北部，总面积2036平方公里，人口27.3万，耕地面积118万亩，下辖9个镇、4个街道、154个行政村、21个社区。为全面加强党对农村基层工作的领导，提升乡村治理的现代化水平，盘山县通过党建引领多维联动，推进乡村治理现代化，形成了区域覆盖、社会参与、多网融合、一网联动的党建引领模式，切实精准地提高乡村治理科学化和现代化水平。

一、坚持党建引领，网格智慧治理

（一）思想引领。坚持以思想引领铸魂补钙，引导全县基层党组织和广大党员干部，强化理论武装，做到"两个维护"。为强化党员思想教育，开设"盘山先锋"公众号，内设"学习路上"专题，党员可以及时跟进学习习近平总书记的最新讲话精神、最新批示指示要求。充分利用县内10余个党建"红色阵地"开展党性教育，利用公众号实现网上预约；建立党建"名师库"，经过筛选，现有50余人可供各级党组织预约联系授课。目前，通过这个公众号平台可以了解掌握各支部组织开展的学习情况，可以看到党员不同的学习方式、"三会一课"和主题党日活动进展以及新时代文明实践中心站活动开展情况等。

（二）组织引领。坚持以组织引领固本强基，围绕建设坚强有力的基层战斗堡垒，推进治理体系和治理能力现代化。纵向建立县委、各党委、党支部、网格党小组的四级"责任体系"，通过压力传导，有效引领各级党组织协同解决大小事务；横向建立以大工委、大党委为主的党组织区域联建"协同体系"，在美丽乡村建设等工作中，充分发挥党组织引领和服务作用。已在全县390个网格上建立了党小组，引导全县1.4万名党员深度参与基层治理，并将网格党小组延伸到民营企业、农民合作社和项目工地，推动管理网格与党组织网络"双网融合"。

（三）先锋引领。坚持以先锋引领凝心聚力，引导广大党员干部树形象、亮身份，通过担当作为、示范带动形成合力。创新农村党员教育管理方式，全面推行"菜单式服务，积分制管理"。在疫情防控一线、便民服务窗口、民营企业生产班组和重点工作岗位，设定了党员先锋岗、责任区、服务队，共产党员先锋工程项目遍布13个镇街，让党旗在基层阵地高高飘扬。为有效破解党员老龄化、学历低的问题，各级党组织多措并举、严格把关，在2020年发展的新党员中，60%是35岁以下、具有大专以上学历，党员队伍结构不断优化。

二、强化任务推进，工作体系"一网联动"

按照以"资治利企惠民"、优化营商环境为目标，逐步推动"随手拍""网格"等多个平台开展整合工作，在县网格管理服务中心建立了盘山县"党建引领、智慧治理"综合指挥平台。在平台上设置了"百姓诉求、基层请求、企业需求、上级号召、综合指挥"五大板块，形成"一网管全域"的管理格局。通过信息采集、事件立项、任务派遣、文件处置、结果反馈等工作流程，实现了线上线下融合、上下左右联动，确保各项民生服务实时掌握、科学决策。

（一）百姓诉求，及时回应。不论人民群众通过哪类平台提出的诉求，都能做到"多点上报、一网督办、接诉即办"，实现了服务群众"零距离"。截至调查时，平台累计受理案件100余件，90%是网格员在巡查中发现上传的，办结率90%，基本实现件件有着落、事事有回音。为进一步实现网格化精细化管理，县里开发了智慧盘山App随手拍功能，可以随时随地拍照反映诉求，相当于人人都是网格员，参与城乡治理。

（二）基层请求，部门必应。镇街的求助信息可通过平台进行发布，县领导随时监管督办，避免部门之间分工不明、互相推诿，形成了一网督办、齐抓共管的政务运行新格局。

（三）企业需求，党政呼应。为确保企业办事更方便，开发"盘山企业管家"微信小程序，注册企业325家，涵盖了全县76家市级以上规模企业。为进一步提升行政效能，让数据多跑路、群众少跑腿，全力推行掌上办、指尖办，构建了"看得懂、查得到、问得清、办得了"的线上服务流程，推进营商环境百强县位次不断前移。目前，管理服务平台的综合指挥板块已设置市级交办、县级督办、重点任务等20项模块，各部门上传工作任务1858项，县领导督办30项、部门阅办37项。

（四）上级号召，全县响应。根据县委县政府年度重点工作，设置了经济动态、现代农业、一网通办、疫情防控、精准帮扶、平安建设等六大模块,对应六项重点任务,各项工作的数据信息实时更新,推动县委县政府精准研判、科学决策。在"经济动态"模块,通过经济数据的直观展示,实现了对各行业经济指标、固定资产情况、工业情况及财政收入情况等数据信息的实时监测及动态对比分析。在"现代农业"模块,显示的是全县农民增收的三大核心产业,即设施农业、粮食生产和渔业数据。数据分析为推进农业产业化和结构调整提供了依据。在"一网通办"模块,对当日、当周、当月办件数量,以及镇村服务事项清单、平均跑动次数等进行了信息的统计和发布。在"疫情防控"模块,掌握全县重点地区、镇街返盘人数、发热人数以及境外返盘人数的实时数据,以及排查管控、检疫检测、医疗资源和物资储备情况;冷链食品从运输、出入库、流通等多环节的流向追踪数据,为切实做到疫情防控常态化、生产生活正常化提供决策支撑。在"精准帮扶"模块,通过整合涉贫信息资源,开发建成贫困信息、帮扶信息、资金项目等资源,扶贫对象、扶贫举措、扶贫成效一目了然。在"平安建设"模块,将综治、信访、司法等方面的信息资源进行整合,不断创新社会治理,深化法治建设,可以清晰了解到市域社会治理现代化创建工作的完成情况,以及平安建设领域的数字化、精细化治理。充分整合资源,畅通诉求渠道,通过设立"村民评理说事点"和"村(社区)人民调解委员会",宣传法律知识,倾听群众呼声,反映社情民意,化解矛盾纠纷。

(五)综合指挥,联动反应。通过整合应急、水利、交通、环保、"鹰眼""天网"等13类3258个摄像头,融合各类信息资源及实时感知信息,可以实现应急指挥、远程培训、视频会议及重点部位监管等多重功能。实现了对全县河流、内涝点位等重点区域的监测预警，为应急指挥、防洪调度、非汛期自排涝等重大问题决策提供了技术支撑和硬件保障。全面开通集图像、报警、定位信息于一体的"AR鹰眼"系统，开展全天候、全方位远程高清实时监控。通过"鹰眼"系统，可以实现对重大危险源企业的动态、实时监控管理，及时掌握安全状态变化，自动报警、应急救援。

党员干部教育培训场所

三、工作重心下移，构建乡村善治之路

（一）加强农村党组织建设。有序开展乡镇、村集中换届，选优配强乡镇领导班子、村"两委"成员特别是党组织书记。推行村党组织书记通过法定程序担任村民委员会主任。目前，村"两委"换届工作全部结束，村党组织书记与村委会主任"一肩挑"

比例实现100%。与村"两委"换届同步选优配强村务监督委员会成员，推动建立基层纪检监察组织与村务监督委员会沟通协作、有效衔接的工作机制。健全选派驻村第一书记和工作队工作长效机制，注重在优秀农村青年中培养和发展党员，以自治激发乡村治理活力。健全党组织领导的村民自治机制，完善村民代表会议制度，加强自治组织规范化建设，充分发挥了村民自治的作用。

（二）弘扬和践行社会主义核心价值观。强化农村思想道德建设，选树道德模范、"辽宁好人"等先进典型，力促乡风文明。2021年，推进新时代文明实践中心建设县级行政区全覆盖。深化文明村镇创建，进一步提质扩面，打造工作样板。加强非物质文化遗产、少数民族优秀手工艺保护和传承。大力推进移风易俗，推广道德评议会、红白理事会等典型经验，开展高价彩礼、人情攀比、厚葬薄养、铺张浪费、封建迷信等不良风气专项整治。丰富农村文化生活，组织开展丰富多彩和群众喜闻乐见的文化、文体活动，促进农村文化事业的发展。

（三）推动治理和服务重心向基层下移。丰富基层民主协商实现形式，最大限度调动农民参与乡村自治的积极性、主动性，推动形成共治共享的乡村善治新格局。贯彻落实"党建引领、智慧治理"1+N系列方案，构建"一网管全域"的管理服务平台。推进"平安乡村""法治乡村"建设，加强各级社会治理综合服务中心规范化建设和乡村社会治安防控体系建设，充分利用"村民评理说事点"工作平台和网格员、调解员、辅警等力量，完善矛盾纠纷多元预防化解机制，加强矛盾纠纷预警排查力度，有效预防个人极端案（事）件发生。

四、加强督查考核，做强保障体系

党内监督是永葆党的肌体健康的生命之源，持续强化基层党风廉政建设，优化政治生态。在管理服务平台上，设置了党风廉政建设责任制考核、正风肃纪监督、专项监督、通报曝光等子模块。通过"大数据+监督"的模式，有效发挥纪检监察机关政治生态"护林员"作用，打通全面从严治党"最后一公里"。在通报曝光和专项监督模块，通过平台对全县党员干部违反中央八项规定精神、形式主义官僚主义等典型问题进行定期公开曝光，形成强大震慑。各镇（街）建立健全乡村治理督查考核机制，把乡村治理实绩考核结果作为干部选拔使用的重要参考，将开展乡村治理体系建设试点工作纳入乡村振兴考核。建立常态化约谈机制，对考核排名落后、履职不力的镇（街）党委和政府主要负责同志进行约谈。

盘山县坚持以人民为中心的发展思想，以防范化解县域社会治理重大风险为突破口，探索具有中国特色、时代特征的县域社会治理新模式，不断完善党委领导、政府负责、民主协商、社会协同、公众参与、法治保障、科技支撑的社会治理体系，努力建设人人有责、人人尽责、人人享有的社会治理共同体，打造新时代"枫桥经验"县域版，为全县高质量发展提供有力支撑。

专家点评

治理有效是实施乡村振兴战略的总要求之一。辽宁省盘山县创立的多网联合多维联动的乡村治理模式取得了化解乡村矛盾促进乡村发展的明显成效。这个模式的突出特点是：充分发挥基层党组织作为乡村治理的带头人，起着领导核心的作用和总揽全局、协调各方的作用；充分利用现代信息技术推进治理方式和治理手段的转变，探索建立"互联网+"治理模式，形成"一网管全域"的管理格局，不断提升乡村治理的智能化、信息化、精准化、高效化；通过"大数据+监督"的模式，有效发挥纪检监察机关政治生态"护林员"作用。在乡村振兴战略背景下，乡村治理作为基层治理与社会治理的交汇融合，成为各种复杂社会关系的聚焦点与社会矛盾的集中点，乡村治理现代化水平的提升将有利于推动党和国家各项方针政策在乡村的贯彻落实，化解乡村矛盾、促进乡村发展，巩固国家治理成果，维护国家长治久安。

整体智治唯实惟先
数字赋能乡村振兴
——浙江省德清县数字乡村建设实践

德清县位于浙江省北部，东望上海、南接杭州、北连太湖、西枕天目山麓，辖8个镇、5个街道，常住人口65万，县名取自"人有德行，如水至清"。德清县历史悠久，有着良渚文化的遗迹和古代防风文化的传说，也是古代防风文化的故里。在这历史醇厚、景色怡人的936平方公里县域中，拥有"全球最值得一去的45个地方"之一的莫干山、江南最大原生态湿地下渚湖、千年古刹云岫寺、宋代石桥，还孕育了沈约、孟郊、管道昇等一大批历史文化名人。德清县坐拥国家级高新区、国家级旅游度假区、省级经开区三大平台，承担省级以上改革试点144项，是联合国首届世界地理信息大会的举办地，先后获得全国文明城市、全国数字农业试点县、国家数字乡村试点县、全国县域数字农业农村发展水平评价先进县等多项荣誉。

近年来，德清县委、县政府高度重视数字乡村建设工作，加大财政投入，整合各种资源，充分挖掘数字经济潜力，以地理信息技术为基础，围绕农村全域和农业全产业链，开展一场大规模的"数字革命"，推动县域农村生产、生态、生活全面转型，探索出一条以数字赋能撬动乡村振兴发展的新路子。

一、以协同为导向，优化重构乡村数字治理框架体系

制定出台《德清县构建乡村治理数字化平台助推数字乡村建设实施方案》《德清县数字乡村一张图提档扩面推进方案》，从整体架构和决策机制等方面协调推进数字化建设。

（一）探索建立"一三五"整体架构。"一"是依托省市公共数据平台和城市大脑，打造一个统一的数据底座；"三"是"一图一端一中心"三个应用支撑载体，即数字乡村一张图，与"一张图"相匹配的浙里办、浙政钉为核心的移动应用端，以及依托基层治理四平台构建统一的乡村数字治理指挥体系；"五"是推动乡村经营、乡村服务、乡村监管、乡村治理、基础设施五大领域数字化。

（二）完善协同高效的决策协调机制。建立统筹协调推进机制，明确了县主要领导抓总、分管领导具体抓、农业农村局和大数据局双牵头的组织领导机制，以及"技术专班＋业务专员"的周例会协调机制，统筹工作推进，迅速迭代。

（三）健全整体联动的多元参与机制。通过乡村治理场景开放、畅通信息反馈渠道，鼓励引导村民、社会组织、市场主体广泛参与、返乡创业，创新在线乡贤议事厅、幸福云、信用账本等应用，推动实现多元协同共治。

二、以智治为核心，大力推进乡村治理可视化、数字化、智能化

（一）依托地理信息技术，实现乡村治理可视化。以建设省域空

间治理数字化平台德清试点为契机，以电子地图、遥感影像、三维实景地图等多类型、多尺度、多时态的空间数据为基底，叠加各部门18个图层，为数字乡村建设提供统一的数字化全景图。在图上建成数字化乡村模型，直观呈现自然风貌和村庄变迁，实现基础设施的可视化管理、人与人交互信息的有效留存和可再现，打造实体建设和数字建设"孪生"乡村。

（二）聚焦数据归集共享，探索乡村治理数字化。制定数据归集目录，归集58个部门涵盖水、空气、垃圾、出行等282类数据，实时共享时空信息、基层治理四平台、污水处理等15个系统数据。强化电子政务网络安全保障，对接浙政钉用户体系，实现管理员身份实名认证，应用权限分级管理，对敏感数据脱敏处理，确保"一张图"安全、稳定运行。

（三）着眼辅助管理决策，促进乡村治理智能化。以提升管理服务水平为出发点，聚焦历史数据量化呈现，实时数据异动管理，未来趋势分析研判，逐步实现"人、事、地、物"精准可查、分析报告自动生成、异动管理一键可知。比如，利用大数据碰撞分析和电子围栏，对村域人群来源、驻留时长、人流趋势等进行分析，实现人流过密预警、人群疏散预警、村庄游客分析等。

三、以"唯实"为原则，注重丰富乡村治理场景

（一）方案项目化。出台《德清县数字乡村一张图提档扩面推进方案》，基于"一张图"建设数字乡村治理全景图、乡村治理交互移动端和乡村数字治理中心，并具体量化为乡村治理多规合一应用、粮食生产功能区和渔业养殖数字化、人口动态迁移感知等20个重点

实施项目。

（二）项目场景化。根据各村以及镇（街道）、职能部门服务管理实际需求，在"一张图"上逐步上线规划布局、民宿管理、水域监测、智慧气象等120余项功能。

（三）场景高频化。按照决策科学、治理精准、服务高效三大类，梳理出遥感监测、村情民意、垃圾分类、健康码等22项高频事项，重点推广应用。比如空间规划，为乡村建设发展、项目落地提供辅助决策支持；智慧水利，汛期让村委实时了解降雨量、山塘水库水位及增长量，助力防汛抗涝、应急救援；垃圾分类，量化每家每户垃圾投放情况，结合积分制和月评比晾晒，激发村民人人参与垃圾分类的积极性；危房监测，标注危房点位，按不同级别分类管理，特别在乾元镇等老城区，安装危房监测设备，监测房屋形变，上图显示、短信预警工作人员；智慧养老，70岁以上或失能老人家庭安装健康枕，对监测异常的实时预警提醒村助老员，联动乡村签约医生上门问诊。

四、以"惟先"为主轴，创新再造乡村治理新流程

（一）打通一站式公共服务通道。推动"最多跑一次"改革向村级延伸，组建掌上办代办员和志愿者，建立村级代办点，布设政务服务一体机，依托政务服务网、"浙里办"，推出在线求职、慢病管理、助残养老等民生服务"就近跑一次"。

（二）构建闭环式民生治理链条。打通应用系统构建村情民意、遥感监测等问题事件工单流转处置机制。依托无人机遥感，形成"巡察—发现—化解—评价—巩固"的闭环链条。完善基层治理四平

台功能，形成问题建议"收集—交办—办理—反馈"闭环处理机制，努力打造线上群众路线新载体。

（三）注重规范化标准制定。发布数字乡村建设与治理指导性地方标准规范，《"数字乡村一张图"数字化平台建设规范》和《乡村数字化治理指南》，为形成可借鉴可推广的德清经验提供制度规范。

"数字乡村一张图"总揽乡村治理全局，以数字化赋能智治，不仅给百姓创造一个平安乡村新空间，而且促进了乡村产业发展，提升了村民幸福感。

"一图"守住了平安乡村的"家门"。创新实施"数字乡村一张图+健康码"图码结合的网格化精密智控模式，完成标准地名地址库规范化建设，将全县48万条人员数据、省疫情防控系统下发数据、健康码数据和地名地址数据库匹配，联动雪亮工程视频摄像和电子围栏，实时感知、精准定位每户村民的健康码状态，红黄绿码和无码人员动态变化一目了然，切实守好乡村平安"家门"。

"一图"装上了全域智治的"天眼"。针对当前基层治理中传统人力不足、事件覆盖不全、发现不够及时、流程不够规范等痛点难点，以"一张图"为底板，运用"天空地"一体化遥感监测体系和人工智能分析，统一遥感地图服务，实现人居环境、治水拆违、私建墓地、粮食功能区等9类基层治理问题点位的全面发现和自动归集，构建"天上看、网上查、地上管"的闭环监管链条。2020年发现问题点位10万余个，发现时间缩减86%，处置率达95%以上。

"一图"链上了乡村产业的Wi-Fi。围绕水产、早园笋等6大特色产业的品控、生态、管理、经营服务以及销售问题，归集全县11个智能农业示范园区、4000多个农业物联网应用示范点数据，实现农业生产"一张图"管理。如创新物联网养鱼新模式,为养殖户提供远程查看实时水质、治理尾水等功能,累计为1510户、12万亩鱼塘提供增值服务。受益于良好的数字化建设氛围,吸引社会投资建立蔬菜工厂,建设温室蔬菜工厂和现代农业科技创新中心。该工厂通过生产环节的数字智控,可实现全年连续运转,采摘期从30天提升至365天,实现越夏、越冬生产,打破了传统番茄种植的季节性,在同等种植面积下,蔬菜的产量是传统大田有效产量的30倍。"获客"更精准。依托数字乡村一张图,结合大数据分析,精准捕捉、定向推送民宿裸心游、体育赛事游等主题产品,让游客留得住待得久。2020年,全县休闲农业与乡村旅游接待游客数超1800万人次,同比增长18.7%;过夜游客855.8万人次,同比增长7.1%。"产销"更通畅。结合"我德清"小程序,持续推出"德清优品""德清人买德清菜"系列活动,贯通产销路径,促进消费,让农民与产业、企业利益联结,真正把小农户带进大市场。

德清县某都市农业综合体

"一图"松绑了基层干部的"手脚"。由异动管理替代人工巡查。融合历年美丽乡村、城乡一体化建设中布设的视频监控、污水监测、智能井盖、智能垃圾桶、智能灯杆、交通设施等各类感知设备,通过自动发现并在"一张图"上预警各类设备故障、异常事件,减少村干部人工巡查频次。由定期排查转为动态更新。依托"浙政钉",开发工单管理系统,基层网格员、村社区干部可第一时间更新"一张图"中人、地、物、事信息,改变传统拉网式、运动式信息排查,有效提升了网格化服务管理的时效性和精准性。由人工填报改为后台取数。结合"村社通",减少各种人工重复性表格填报,改由公共数据平台直接取数,有效提升基层干部工作效率、减轻负担,目前已涉及基础数据42万余条,填报速度翻番。

"一图"解锁了村民幸福的"密码"。办事不出村。推行帮办制,依托"浙里办",引导村民就近在线办理社会保险、挂号就诊、交通违章处理等事项13.9万件。数字新生活。村民可享受健康服务、12349养老服务等数字生活新服务。比如,村民在卫生站接受远程医疗诊断,建立"一人一册"电子健康档案,签约医生通过"一张图"数据反馈开展上门问诊。诉求在线达。村民反映的问题通过基层治理四平台工单流转,能快速得到响应,并实时反馈在"一张图"上,2020年村民反映的20余万件问题基本得到解决,处置率达到97.2%。

专家点评

推进数字乡村建设,既是乡村振兴战略的重要内容，也是农业农村现代化的题中应有之义。德清县经济发展水平较高，数字乡村建设起步相对较早，并取得了明显成效。数字乡村建设涉及的点多、面广、事杂，工作量大，要组织协调的部门多，需建立统筹协调推进机制。德清县在数字乡村建设过程中，通过对乡村数字化建设框架体系的优化重构，完善了顶层架构，确保了工作对接的流畅，为数字乡村建设打好了制度基础。通过强化政府的服务职能，实现了高效和便捷的服务，为各类社会主体参与数字乡村建设创造良好的环境和平台。通过开发场景应用，推进数字赋能，激活数字潜力，实现了经营更便捷、成本更节约、服务更精准、治理更有效，成为数字乡村建设的一个样板。数字经济浪潮正在席卷全球，数字乡村未来发展潜力巨大。只要抓住机遇，求真务实，因地制宜，探索创新，就一定能为乡村振兴谱写出更加丰富多彩的绚丽篇章。

发挥党组织堡垒作用
"小积分"撬动"大治理"
——湖南省新化县油溪桥村探索村级事务积分考评管理

油溪桥村位于湖南省新化县吉庆镇东北部，辖 12 个村民小组 228 户 868 人，属石灰岩干旱地区，人均不足 0.5 亩田，自然资源匮乏，原先村民人心不齐、赌博成风，曾经一度是省级特困村，被周边百姓称作"有女莫嫁油溪桥，干死蛤蟆累死牛"。2015 年，党中央作出打赢脱贫攻坚战的决定，油溪桥村紧跟政策要求，为摆脱村子一穷二白的发展困境，决定从发挥党组织带头作用、提高乡村治理能力、提振村民心气着手，创新治理手段，用积分制管理的形式对村庄党建活动开展、资源盘活利用、村规民约制定、村集体经济发展等大小事务一一进行细化、量化，并科学开展考核，以此不断激发党员群众在乡村治理和发展建设中的认同感与责任感，形成发展合力，推动全村各项建设迈上快车道，油溪桥村也实现了由特困村到乡村振兴典型村的完美转型。

一、运用系统思维，以小积分奏响"大合唱"

油溪桥村积分制管理由村党支部全面领导，以积分考核管理为主要形式，通过登记、审核、公示、讲评、分享等环节，使得村里大小事务都能通过积分制、积分卡得到有效处理、生动体现。村民根据积分多少参与村级集体收入分红,从而有效地组织引导村民参与村庄建设、产业培育、文明创建、社会稳定、党群共建等。这是油溪桥村在总结14年来"以文明档案袋记录村规民约"经验的基础上,在线提档升级、二次创新探索出来的,实现了"干部群众全员参与、村级事务全部纳入"。

(一)在组织上,实现党的领导"全方位"。从积分制的产生到落地,都离不开村党支部的领导。村"两委"对积分制管理实行严格责任分工,成立了村积分制管理领导小组,负责积分制的筹划、全村各院落户主积分的审核认定、考核考评各个环节。同时,在积分制的推行上,以身作则带好头,切实以"一班人"带动"全村人"。

(二)在筹划上,实现村民群众"全参与"。坚持民意导向,积分制搞不搞、怎么搞、好不好,全部交给"阅卷人"来评定。积分制的制定分"三步走":第一步,"策由民商"。各院组长通过新媒体、老传统并用的方式广而告之,提升村民对积分制的知晓度、认可度、参与度。然后由6个院组长分片包干负责,发放征求意见书,及时搜集村民群众的好建议,实时提交村"两委"讨论后,再次逐一征询各家各户意见,充分凝聚民智。第二步,"策由民定"。积分制起草小组以第八次修改而成的村规民约与征集到的民意为基础,因村制宜、依法依规,逐步完善与细化积分内容和实施细则,形成可操作性的积分制草案。第三步,"策由民决"。先后召开8次村民代表大会,最后将《积分制管理工作实施方案》(草案)在村民大会上进行投票表决。在相关制度实行后,根据实践检验的成效,及时查漏补缺,进行动态完善。

(三)在内容上,实现村级事务"全覆盖"。赋分上:积分由基础分、奖励分和处罚分等部分组成，逐人建立积分动态管理台账。每项分值根据内容重要程度赋分，加分相关分值从1000分到5分递减，扣分相关分值从500分到10分递减。其中基础分根据户主承包人口数量以及是否健在、户口是否迁移等情形为基数加分并确定每个户的基础分；奖励分、处罚分主要指是否参与村级事务的情况以及涉及突发事件、公共安全、社会治安等重要事项中的特殊贡献加分或造成严重不良影响扣分的行为。这样设置的初衷是让村民的积分与村集体收入挂钩，加减分上不封顶下不封底，高出零分的积分可按比例入股分红。范围上，对村干部、党员、群众等三个层级的行为人进行考核。内容上，将村规民约的每一项内容纳入积分制的赋分项目，列入村民、党员、村组干部积分制管理的加分子项分别有37、18、12项，列入村民、党员、村组干部积分制管理的扣分子项分别有40、27、33项。对村民、党员、干部参与村里组织的各项活动、村级各项事务、违法违规行为、执行村规民约、践行社会主义核心价值观、弘扬孝悌之义文明乡风等情况进行积分动态管理。比如，将移风易俗纳入积分管理，禁燃禁炮，禁赌禁毒，不准大操大办红白喜事，提倡对老人厚养薄葬，丧事从简，其他喜宴严格控制宴请范围；将禁伐、禁猎、禁渔、禁塑、禁烟纳入积分管理，禁止破坏环境，提倡植树护绿，践行"绿水青山就是金山银山"的理念；将义务筹工筹劳等纳入积分管理，以能否按要求完成应筹义务工作为加扣分依据，切实将"多劳多得、不劳不得"运用到村级事务管理中；等等。

二、打通各个环节，以小流程链接"大治理"

油溪桥村在推进积分制管理过程中，对登记、审核、考评、分享各个流程进行全程管控，确保取得预期效果。

（一）严格规范操作。村委会建立管理台账与积分手册，并根据以下步骤进行公开登记。一是做到一事一记录。村干部直接挂点当院落院长，负责各自院落积分制落实。积分申请可通过口头、电话等多种方式由农户自行申报，申报时要清楚告知行为发生的时间、地点、事由，并提供相关证据。经小组成员核实后，将其文字依据装入档案袋，并进行加扣分，加扣分在积分卡上登记，并计入管理台账。做到一月一审核。村积分制管理领导小组每月对村民积分进行审核认定，认定结果在每月28日审核后，在积分卡上登记，并在记录上统计相应数据。二是做到一季一公示。每季度将村民的积分情况在村务公开栏等醒目位置进行公示，接受广大村民监督；有异议的可向村"两委"反映，经调查核实后作出妥善处理。

（二）强化考核考评。结合村积分制管理小组年终赋分综合评定最终分值，分三个层级，对积分"先锋个人"和"褪色个人"的得分情况进行案卷记录，年底与户主见面，并作为档案保存。积分制月结，凡是当月排名第一名的加10分，年度第一名加120分。定补干部年终最后一名黄牌警告，连续2年黄牌的不列入下届村干部候选人范围，其他定岗干部每年如出现负分且是最后一名则淘汰，定岗人员连续2年获得第一名的作为下届村"两委"换届时优先提名，积分制当年核算积分，结果存档，第二年重新开始计算。

（三）共享积分成果。由村委会根据不同积分内容、不同时间阶段进行分类排名分类兑换奖励，具体实施细则根据村集体收入情况，制定具体奖励办法和标准。年度内积分实行累积使用，奖励之后不清零。奖励形式分为兑换服务、物质奖励、精神鼓励和享受有关激励政策，以农户当年积分高低为标尺，与村集体经济分红挂钩，制定相应的分红标准；积分高低与经济物质分配的多少直接挂钩，保障积分分红的公平公正。以院组为单位不定期开展积分分享活动，邀请高积分村民讲述积分小故事，交流心得体会，组织点评总结提升好经验，进一步提高村民参与热情。年底档案袋与户主全家见面，全村张榜公布，将分数档案收藏到正在筹建的乡村振兴陈列馆。

三、坚持正向激励，以小量变催动"大变革"

（一）积分制的推行，让党员干部争相"得分"，"积"出了基层组织力。积分管理将党员考核由抽象到数字量化，将党员的言行表现完全展现在党员群众的眼前，接受群众的评议和监督，促使党员主动联系服务群众，尽最大可能地为群众办实事、办好事。积分制与村组干部工资绩效制、积分管理制和"四考核"制度配套实施，对其出勤、公益事业捐献、业务素质、完成任务、群众满意度等情况进行考核。2020年以来，30名党员每年比村民多捐献1920个义务工，优秀党员越来越多，不合格党员淘汰出局，增强了村级党组织的组织力，油溪桥村也从原来软弱涣散的"后进村"变为现在的"全国民主法治示范村""全省基层党组织示范村"。

（二）积分制的推行，让村民争相"攒分"，"积"发了内生动力。积分管理将村民践行村规民约的情况与参与村级发展分红等切身利益挂钩，凝聚了村民合力，激发了干事的内生动力。以积分制为基础，广泛开展评选星级文明户、先进院组、先进家庭、先进个人和全村"十个好"等活动，全村形成了尊老爱幼、诚实守信、勤劳向上的良好风尚，初步形成了自治、德治、法治融合的治理格局。

油溪桥村自全县第一个自发禁燃14年来，据统计仅禁炮一项每年节约近80万元，每年共节约各类开支约530余万元。积分管理将村民积分分数按比例折算成村级集体经济股份参与分红，村民也把村里的事真正当成自家的事来办，抢着干的村民越来越多，站着看的村民越来越少。基础设施上，修通了田间地头的生产通道，为产业发展创造了条件；饮灌一体工程，通过项目自建、筹工筹劳，使该项目预算300万而实际仅花了60余万；旅游配套设施上，接近于零成本建成了22公里的鹅卵石游步道等。

（三）积分制的推行，让油溪桥村不断"加分"，"积"活了农村生产力。文明档案袋到积分管理的接续创新，让干部和群众一起谋思路、想对策，凝聚正向合力推动农村大发展大提升。油溪桥村没有区域优势，离县城40公里；也没有资源优势，人均不到0.5亩石灰岩干旱地；更没有基础优势，14年前村集体经济负债4.5万元，村民人均收入不到800元。积分制管理切实推动"村"与"民"共商、共建、共享、共富，形成村民致富与村级发展"大河有水小河满"的生动景象。14年来，全村干群义务筹工筹劳8.7万多人次。2020年村级集体收入达到205万元，实现了村民从2007年人均收入不足800元到2020年的24606元的飞跃；产业培育上，坚持产业经济效益全部归农户所有，通过项目自建、劳动力自筹，建设用地零征拆，在全省第一个整村成功创建国家3A级景区，并成功开发了漂流、民宿、水酒山庄、非物质文化遗产展览馆、培训中心、接待培训服务公司等六大产业。

全国首批乡村治理典型村、全国文明村、全国十大乡村振兴示范村、全国百强特色村庄等40余项国家、省、市级殊荣，见证着油溪桥的巨大变化。在全面推进乡村振兴如火如荼开展之际，油溪桥

村属产业油漆桥庄园

村将继续保持锐意进取、共同发展的昂扬斗志,进一步探索创新乡村善治可行路径。

专家点评

农民群众是乡村治理的主体。激发农民群众的积极性、主动性,是实现乡村有效治理的关键。湖南省新化县吉庆镇油溪桥村通过民主程序将乡村治理各项事务转化为数量化指标,对农民日常行为进行评价形成积分,并给予相应精神鼓励或物质奖励,"积"出了基层组织力、"积"发了内生动力、"积"活了农村生产力,积分制管理成为推进乡村有效治理的有力抓手。党建引领是核心。油溪桥村"两委"成员对积分制管理实行严格责任分工，在积分制推行上，村"两委"成员以身作则带好头，切实以"一班人"带动"全村人"。农民主体是根本。油溪桥村坚持民意导向，积分制实行"策由民商""策由民定""策由民决"，积分制搞不搞、怎么搞、好不好，全部交给"阅卷人"来评定。正向激励是关键。油溪桥村将积分制与村组干部工资绩效制、积分管理制和"四考核"制度配套实施，将村民践行村规民约情况和参与村级发展分红等切身利益挂钩，激发了干部群众干事创业的内生动力。

构建"一站两网"监督模式
助推乡村振兴全面提速
—— 广西壮族自治区蒙山县坝头村强化基层监督的实践

坝头村位于广西蒙山县新圩镇西南部，全村辖 12 个村民小组，有 550 户、1820 人，以水果、蔬菜种植为主导产业。近年来，为解决乡村治理中基层监督弱化虚化、群众监督渠道不畅等问题，坝头村按照习近平总书记"把权力关进制度的笼子里"及"基层党组织必须坚强，党员队伍必须过硬"的要求，构建"一站两网"基层监督模式，全面加强村务监督和党员监督管理，形成了以"廉治"为核心的乡村振兴坝头做法，提升了村民参与乡村振兴的认同感、归属感、幸福感，在基础设施建设、人居环境改善、乡村产业发展、乡村文化提升等方面都取得了显著成效，先后荣获"全国乡村治理示范村""全国民主法治示范村""广西绿色村屯""'美丽广西'乡村建设示范村"等系列荣誉。

一、建设"一个站"，打造群众家门口的"监委"

2017 年以来，坝头村在村民日常聚集的古榕树下增设桌椅、讲台开设"绿荫党校"，开展廉政党课教育，探索建设村级廉洁工作站，让群众在家门口就能反映问题。廉洁工作站由镇党委直接领导，被赋予监督权、建议权，直接向镇纪委报告问题线索，紧盯基层干部的微权力。廉洁工作站设站长1人、副站长2人、监督员4人（其中非党监督员2人），由镇包村工作组长（镇领导班子成员）担任站长，党总支纪检委员、村务监督委员会主任担任副站长，由退休干部、离任村干部、威望高的党员、群众担任监督员。工作站有独立办公室，设在村"绿荫党校"旁边，日常工作按网格化分工为主，分为上坝片、下坝片两大网格，通过列席村"两委"会议、监督村务和党员干部、定期开展接访、日常入户走访等，将基层监督探头延伸至"最后一公里"。

二、编织"两张网"，把公权力装进制度的笼子

为进一步加强对村级行使公权力人员和党员的全面监督，2019年初，坝头村形成了村务监督"物廉网"和党员监督"互廉网"的监督模式，为民生福祉保驾护航。

蒙山县坝头村廉洁工作站

（一）编织村务监督"物廉网"，"以物溯源"知去向。从镇、村公示及享受国家惠民政策的名单名册中，根据农户家庭情况有针对性地抽取部分农户开展"以物溯源"，核查惠民资金物资是否精确发放、是否公平公正发放、是否有权钱交易，对落户本村的扶贫项目及其他项目工程开展监督，查看建筑材料是否以次充好、工程质量是否达标、是否存在吃拿卡要、是否存在贪污受贿等，对核查发现的问题顺藤摸瓜，找出线索挖出责任人，有效解决了以往监督员不知如何去监督及在工作站等群众来反映的被动监督问题。"廉洁工作站的'物廉网'监督惠民政策、工程项目、村务公开等事务，从事务决策开始全程接受监督，让权力在群众的'眼皮子底下'运行，群众放心，我们也省心"，廉洁工作站干部说。

（二）编织党员监督"互廉网"，公权力人员亮身份受监督。设置党员干部监督"互廉网"公示墙，党员、村干部、村其他行使公权力人员、在本村居住或工作的公职人员亮身份接受监督。扩大参与监督的人员范围和监督内容，除廉洁工作站监督员外，还邀请普通党员的亲友、邻居、服务对象等参与全程监督，构建一张互监、互廉、互提醒和互帮助的农村党员行为网格，在规范党员日常言行举止的同时，发挥党员的示范作用，进一步带动身边的人员跟党走。"党员以及村民都来参与监督，我们村干部也会不自觉地'一身紧'，对村上的事更上心，对自己要求也更加严格了"，村党支部书记说。

三、把好"三道闸"，构筑惩防体系双保险

为进一步巩固基层微权力廉政建设成果，坝头村构建查办惩处、监督举报、教育警示三道闸门，从源头上堵住微权力贪腐的漏洞。

（一）构建查办惩处闸，堵住利益"输送管"。坚持无禁区、全覆盖、零容忍的态势，对优亲厚友、暗箱操作、权钱交易、权力寻租、利益输送、收受红包礼金等问题有一抓一，毫不手软，保持高压态势，将严的基调贯穿工作始终。坝头村"一站两网"建设以来，有效斩断利益输送链，发现问题线索7条，3条转立案审查，以案说法，有力震慑贪腐行为，形成不敢腐的惩戒机制。

（二）构建监督举报闸，堵住吃拿卡要"进水管"。设立举报平台，畅通反映渠道。开设村、镇、县三级监督举报平台，开通信访、网络、电话、举报信箱等举报反映渠道，邀请监督员、普通党员、群众等对党员干部及其他行使公权力人员进行全方位监督。

（三）构建教育警示闸，堵住思想污染"排气管"。深化以案促改，强化警示教育。通过组织党员干部开展廉政党课教育、参观廉政警示教育基地和典型案例巡展，召开扶贫领域腐败和作风问题、违反八项规定典型案例警示教育大会，先后举办14期教育培训，参训的党员干部和群众达600多人次。

四、强化"四结合"，以廉政文化促进乡村振兴全面推进

通过"一站两网"监督模式，密切了农村基层班子、党员队伍、农民群众的关系，广大群众对乡村振兴工作支持力度不断加大，积极投身乡村振兴建设。

（一）强化廉政文化阵地建设与村庄容貌提升相结合，夯实乡村振兴硬件基础。坝头村结合乡村风貌提升工作，拆除危旧房，完善基础设施，以"清风巷""阳光巷"沿线的房屋、围墙、空闲地等为

载体，通过艺术手法，将征集来的廉洁漫画、诗词和楹联等作品融入村庄改造建设中，打造了"清廉路""清风物语""过廉关"等一系列生动、形象的廉洁文化景观，形成具有坝头特色的廉洁文化宣传阵地。"我家旁边这块地原来就是一个垃圾堆，破烂到处是，村里组织我们清理，还开出一片菜地，现在整整齐齐，又好看，平常也可以摘菜吃，这种好事可以多做"，一名村民代表谈起了基础设施改造带来的变化。

（二）强化廉政文化队伍打造和乡土人才挖掘相结合，强化乡村振兴人才支撑。坝头村发动退休职工、民间文艺骨干、文化遗产传承人、农村致富能手等人员参与理论宣传、文明宣讲、文艺演出等文明实践志愿服务，发挥他们在党史学习教育、家风家教传承、移风易俗倡导、文化活动开展中的积极作用。目前，坝头村组织了一支拥有近30名乡土人才的实践服务队，每周为村民做一次"订单"服务，丰富了村民文化生活，现累计组织各类活动上百次。一位村民代表说："以前娱乐活动多半是在家看电视。现在好了，有文艺队到村里来，过年过节村里还有民俗活动，我们很高兴哩。"

（三）强化廉政文化品牌建设和文明乡风打造相结合，提升整村精神文明质量。坝头村持续开展的"做新时代文明人""星级文明户""文明家庭""坝头村善行义举榜""坝头村文明家庭榜"等活动已经成为村民积极争选的"面子工程"，当选者不仅"脸上有光"，出门办事更是"腰杆挺直"。此外，乡风文明活动也逐步改善了村民的不良风俗，坝头村初步完善了村规民约和红白理事会、道德评议会、村民议事会、禁毒禁赌会相关章程，基本杜绝了农村大操大办、厚葬薄养、人情攀比等陈规陋习。村民自豪地说："自从我们村有了'一站两网'，群众急难的事情就有了解决的渠道，许多小矛盾小纠纷不出村组都解决了，自然邻里关系、乡风也得到了很大的改善。"

（四）强化廉政文化建设和乡村产业发展相结合，推动农民群众收入不断提升。在农村党员、致富带头人的积极带动下，坝头村围绕莲藕、苦瓜与砂糖橘等优势产业，积极培育新型农业经营主体，组织电子商务进村，加大农业基础设施项目建设，打造"坝头莲藕""坝头苦瓜"等农业产业特色品牌，将坝头村种植的水果蔬菜产品远销粤港澳地区，年创收2000多万元，带动100多户群众勤劳致富。目前，全村种植特色蔬菜500多亩，种植水果3000多亩，其中20亩以上种植大户40多户，党员种植大户12户。2020年，坝头村村民人均可支配收入19650元，约高于梧州市平均水平35%，成为远近闻名的小康村。

专家点评

在推进我国农村社会经济发展的过程中，农村基层治理面临许多新情况新任务新挑战。如基层监督弱化虚化空化，群众监督渠道不畅，社会参与度不高，村庄建设滞后，矛盾纠纷增多，等等。为解决基层监督"最后一公里"难题，广西蒙山县新圩镇坝头村探索形成了"一站两网"监督模式：建设村级廉洁工作站，完善内控机制；探索村务监督"物廉网"和党员监督"互廉网"的监督模式，突出监督重点；强化教育警示、监督举报、查办惩处工作方法，做实风险防范，巩固基层微权力廉政建设成果。"一站两网"监督模式充分发挥基层党组织的领导核心作用，重点围绕农村发展、治理高效、社会和谐等内容，创新基层管理体制，着力建立简约高效的基层监管治理模式，建立健全服务群众的响应机制，聚焦村级小微权力，紧盯重点领域精准监督，显著增强基层组织公信力和服务力，提高各方参与乡村振兴的获得感、幸福感和安全感，实现了较为明显的经济社会效益。

党建引领"三治" 实现乡村善治
——重庆市南川区大观镇基层治理的实践探索

大观镇地处南川区西北部，距离重庆主城约半小时车程，是重庆主城进入南川的"第一门户"，也是南川融入重庆主城的桥头堡。平均海拔 740 米，森林覆盖率达 56% 以上，面积 87 平方公里，常住人口 3.5 万人。"大观茶叶""大观土鸭""大观油米"享誉重庆市场，素有"粮仓"之美誉，是全国休闲农业乡村旅游示范区、国家级现代农业示范区、统筹城乡集中示范点、国家 3A 级乡村旅游景区、重庆市级特色小城镇和重庆市经济百强镇。

近年来，重庆市南川区大观镇以党建为引领，积极构建"自治、法治、德治"三治相结合的基层治理体系，以党建为引领、法治为基础、德治为保障、自治为根本，推进"三治融合"基层治理新路子，形成了"党建＋基层治理"的新格局。

一、党建引领，提供乡村治理坚强保障

火车跑得快，全靠车头带。大观镇充分发挥党的基层组织领导社会治理的优势，确保党的领导在"三治融合"中始终总揽全局、协调各方，把党的领导贯穿"三治融合"各环节、全过程。

（一）建立党建联系指导制度。以村（社区）党组织和非公党支

部为单位，由镇党委班子成员任党建指导组组长，中层干部为党建指导员，一般干部为成员，指导镇辖区11个党组织党建工作。关心关爱老党员、困难党员，走访慰问党员；指导村党组织开好惠农利民院坝会，送政策到院坝、送服务进家门。

（二）强化关键少数头雁效应。实施农村带头人队伍整体优化提升行动，由区委组织部向4个乡村振兴示范村选派第一书记4名；实现书记、主任"一肩挑"村2个，工作"一肩挑"村（社区）6个，其中"80后"书记3人。组建书记工作室，启动"书记加油站"，举办集中学习交流活动，定期给党组织书记"充电"。优化村级党组织干部队伍，依托乡村振兴学院，开展村干部技能培训；培养村级党建员，选拔本土人才，积极培育村级后备干部，为"三治融合"提供人才保障。

（三）发挥党员模范带头作用。金龙村成立朱家院子、游家院子等五支党群互助小家，开展理论宣讲、邻里互助、洁美家园等活动，密切联系党员和群众的关系。党员不仅是一种政治身份，更是联系群众的贴心人、带领群众的带头人、创业创新的领路者。党员主动积极作为，为村民提供"星级"服务，党群关系更加密切，加强了党员群众的自我宣传、自我教育、自我管理，进一步发挥了基层党组织的战斗堡垒作用。

二、法治为基，提升基层治理法治化水平

大观镇立足法治建设，着力推进乡村治理法治化，引导农村干部群众办事依法、遇事找法、解决问题用法、化解矛盾靠法，不断将法治乡村建设引向深入。

（一）建设法治乡村。"韦律师，我跟我哥哥要分家，想跟你咨询下法律程序。"东家长、西家短，家庭纠纷、土地问题、农民工工资等，中江村法律顾问异常忙碌。法治村建设推进以来，村民一改过去有事找镇政府上访的习惯，改找法律顾问来帮忙。创建"民主法治示范村"，定期"回头看"，镇平安建设办牵头，联动派出所、司法所、法庭、检察室，建立一村一法制宣传橱窗、一村一公共法律服务室、一村一法律诊所、一村一法律顾问、一村一便民诉讼点、一村一检察官联络点、一村一警务室，"七个一"实现村民法律咨询、法律服务不出村，法治建设深入人心。

南川区大观镇"送法进乡村进社区"法治宣讲活动

（二）化解矛盾纠纷。强化治理服务，由一名班子成员、一名镇干部、一名村干部、一名近亲属或邻居组成"一对一"专班小组，帮扶各类重点人员。精简办事程序，便捷办事方式，探索建立村（社区）"法律诊所"2家，推行接诊、出诊、会诊、辅诊、义诊"五诊"服务；变上访为下访，把网上信访代理、安全生产矛盾纠纷调解等事项集中下沉到村级综治中心，把问题解决在村里、矛盾化解在村里。目前，村级综治中心共代理信访22件，化解矛盾纠纷30余件，调解邻里纠纷50余次。发挥群防群治队伍作用，校园周边治安环境等重点地区排查整治常态化。整治集镇秩序，8个部门出动120余人次，整治违法停车58起、乱摆摊设点120余处，集镇秩序明显改善，群众幸福感进一步增强。

（三）强化信息支撑。积极争取上级部门支持，投入300余万元，建设"互联网+"智慧小镇，以大数据智能化为基础，整合信息资源，在集镇、乡村旅游景区、人员密集地等，布局智能立体信息化管理系统，实现客流统计、人员密集度检测、停车场管理、道路管控、信息发布、综合管理等智慧管理，强化社会面管控。延伸"雪亮工程"，推动农村公共安全视频监控系统建设，在全镇原有80余个"雪亮工程"摄像头的基础上，安装村级摄像头34个，同步在镇、村级综治中心运行，进一步筑牢农村社会治安防控体系，提升群众安全感。

三、德治为要，树立基层治理文明新风

德治，具有"润物无声、春风化雨"重要功能，是基层治理不可缺少的道德制约。大观镇以德治滋养法治、涵养自治，发挥德治的融合、引导、教化等功能，为基层社会治理注入新动能。

（一）深入践行社会主义核心价值观。大观镇结合党史学习教

育，启动由选调生、大学生村官、"三支一扶"、志愿服务者组成的"田坎小分队"宣讲队，举办小讲堂和微课堂，进村社、进企业、进学校、进院落、进农户开展"微宣讲"，讲党史、宣政策、送能量、学风尚，倡导老百姓积极践行社会主义核心价值观，夯实基层治理思想基础。

（二）深入开展新时代文明实践活动。"走，今天村里开展端午节包粽子活动，一起去，咱们争取拿个名次。"金龙村一位村民边走边喊她的姐妹，邀约去参加村里的包粽子比赛，这是金龙村利用传统佳节丰富群众文化生活的文明实践活动。坚持以有活动阵地、有统一标识、有工作人员、有志愿服务队伍、有活动项目、有工作制度、有经费保障"七个有"标准，建立20人新时代文明实践队伍；利用文化服务中心、农家书屋、村便民服务中心等阵地，建文明实践所1个、文明实践站8个、文明实践点3个、"学习强国"数字农家书屋2个。采取"户提议、社收集、村实施、镇组织"的方式，设立暖心驿站和群众需求箱，采取"约时配送＋自主开展"模式，各村（社区）每月开展一次集中性文明实践活动。根据群众"点单"需求，文明实践所（站）"接单"，完成约时配送15场。打造了"夜猫子""铁骑小分队"等暖心志愿服务队，围绕思想引领、净化美化家园、暖心关爱等方面开展志愿服务活动。完善文明实践积分激励机制，以志愿服务为载体，探索建立"益心益行"驿站，突出"孝善勤美"，实化文明实践积分内容。积分经过评议、审核后，通过宣传专栏、乡村小喇叭、工作群等渠道公示，活动积分可到文明超市兑换生活用品、日用品、图书等，让文明实践回归公益本质，打通服务群众"最后一公里"。

（三）深入开展文化服务活动。挖掘和发扬舞龙等传统文化项目，创作情景剧《花开大观园》、快板《农村新面貌》等宣传文艺作品，举办"2020年田园新城·魅力大观春晚""勤劳致富最光荣——讲述身边的脱贫故事"演讲比赛等活动。以改善农村人居环境为契机，建农耕文化、廉政文化广场，因地制宜创作文化小品，以贴近群众的形式，让群众在寓教于乐中不断增强参与感、幸福感。

四、自治为本，调动群众参与治理积极性

通过调动群众参与乡村治理积极性，鼓励群众依法行使民主权利，实现自我管理、自我服务。大观镇在基层社会治理中，认真落实村民自治，用好外力，强化约束，激发群众参与动力。

（一）创新方式广泛宣传动员。"十年前，我们村环境卫生差，垃圾到处都是，村民之间经常吵架，现在我们村完全大变样，环境卫生好了，垃圾看不到了，邻里之间互帮互助，大家和谐相处，城里人来我们村都羡慕得不得了"，金龙村村民说起村里的变化满脸自豪。大观镇用好宣传这把"钥匙"，在村里设置红黑榜曝光台，身边人播报身边事，在茶余饭后的笑谈中调侃不文明行为。建立960余个乡村小喇叭，定期播报村规民约、文明小知识等，曝光乱搭乱建、不文明行为习惯。建立"坝坝加油站"，村民利用空闲时间，开展邻里事情大家谈，共议共商邻里事，共扶共建邻里情。

（二）村民自治规范村级管理。组建由乡贤、退休村干部、德高望重人员组成的红白理事会，村民红白喜事办理的规模、标准等要向红白理事会报告，承诺自行处理好因其产生的餐厨垃圾、生活垃圾，保持环境清洁卫生。建立村干部集中办公坐班、村级财务管理、

村级重大事项报告、信访维稳等制度，深化村集体自我管理。严格落实"四议两公开""一事一议"等民主决策制度，对土地流转、产业发展、基础设施建设等涉及群众利益的重大事项，实行过程公开、结果公开，接受村民监督，取得理解支持。制定村规民约、院规院约，规范农村垃圾分类、垃圾循环利用、清扫保洁等行为习惯；实行村规民约月通报、季评比制度，建立村民履行村规民约评分机制，逐渐形成"我制定、我签字、我承诺、我执行"的良好氛围。

（三）系列评比激发内生动力。建立"十星级文明户""六美家庭""清洁户""文明在行动"等评比机制，持续开展系列创评活动，设置流动红旗，树立先进典型，提升百姓荣誉感；广泛开展干学比拼活动，在干部中比作风、比落实、比作为，在党员中比奉献、比服务、比表率，在群众中比礼仪、比家风、比执行，通过网络信息平台，晒家风、晒文明、晒服务，比出好家风、比出好习惯，激发群众参与内生动力，营造乡风文明浓厚氛围。

在不断的探索中，大观镇坚持党建统揽全局，已基本形成了自治、法治、德治"三治融合"的乡村治理体系，以自治激发民主活力，以法治推进现代治理，以德治涤荡乡风文明，为乡村振兴构建善治的社会基础。

专家点评

乡村治理是我国治理体系和治理能力现代化的重要组成部分。重庆南川区大观镇以党建为引领，积极构建"自治、法治、德治"三治相结合的基层治理体系，探索形成"党建+三治融合"的基层治理新路径，乡村治理效能明显增强。

党建引领为乡村治理提供坚强的领导核心和组织保障。大观镇在"三治融合"中，始终把党的领导贯穿在"三治融合"的各环节和全过程，为乡村治理指明了正确的方向，提供了坚强的组织领导保障。大观镇通过"七个一""七个有"的标准，不断将法治、德治引向深入，取得了实实在在的成效。这些做法使社会主义核心价值观深入百姓心中，丰富了农民群众的文化生活，达到了以德治滋养法治、涵养自治的效果，为基层社会治理注入了新动能。

发挥村规民约作用　破解乡村治理难题
——青海省贵南县建设乡村治理体系的实践

贵南县位于青海省东北部，地处西倾山与黄河之间，是一个以藏族为主的多民族聚居区。现有人口8.12万，其中藏族人口占总人口的78%。黑牦牛、黑藏羊、黑青稞、绿草是该县重要的农牧产品。贵南县在发展过程中也遇到过一些"麻烦事"，由于地处高原地区，经济发展较为落后，群众思想守旧等问题阻碍贵南发展。为破解难题，贵南县积极探索，通过规范村规民约、完善村民自治来化解矛盾。经过不懈努力，贵南县于2019年5月退出贫困县序列，同年12月，成为全国乡村治理体系建设试点单位。

一、签订责任书，村民守承诺

贵南县把村级事务管理制度纳入村规，把村民承诺、规范村民行为纳入民约，用村规民约开展大治理，扎紧村级制度"笼子"，签订责任书、村民承诺约定，实现了从单维度平安建设到全方位村民自我管理的转变。

（一）尊重民意，群力修改。根据党的方针政策和国家法律法规，结合全县75个行政村实际，从维护各村的社会秩序、公共道德、村风民俗、民族团结、精神文明建设等方面制定村规民约，约束规范村民行为。对于国家法律、法规和政策中有明文规定的,以及与新时代不相适应的条款,通过召开村民大会作出修改;对未按规定程序制定的,责成村民委员会按照规定程序重新修订;对不符合群众意愿、不利于推动当地经济社会发展的条款作出修订;对群众拥护的、急需的、有利于村级发展的条款作出补充和完善,充分体现群众意见,尊重民情民意。

贵南县现场签订村规民约承诺书

(二)完善制度,筑牢基础。针对农牧区生产条件落后、农牧民文化程度较低的实际,利用近一年时间开展"四修改"(先由村里组织群众讨论进行第一轮修改;再组织老党员、老村干部、老人进行第二轮修改;在前两轮修改的基础上,邀请村里有文化的村民、驻村第一书记、乡镇驻村干部进行修改完善;最后聘请有关法律专业人士进行第四轮修改),修订完善村规民约。为保障执行力,制定

"两制度"（积分制管理制度、义务工管理制度），进行"一承诺"（群众承诺并签订责任书），开展"两审一通过"（村上、乡镇、县乡村治理办公室逐级会审和法律顾问团合法性审查，全体村民大会通过），切实做到"四个覆盖"（征求群众意见全覆盖、签字画押全覆盖、签订责任书全覆盖、群众承诺全覆盖），为村民依法依规参与本村事务筑牢了制度体系，为村民自我管理、自我教育、自我服务、自我约束提供了坚强的制度保障。

二、严格奖惩制度，激发执行内生动力

（一）突出"一村一特点"，防止千篇一律。在修订过程中，始终坚持党的领导，突出村级实际，以问题为导向，梳理不同村庄曾经发生的问题及乡村治理中倾向性、矛头性问题，完善村规民约，充分体现群众的意愿和诉求，彰显"一村一特点"。做到制订程序依法、内容合法，真正把村规民约修订成村民共同认可的"公约"，作为实施村民自治的基本依据，发挥村规民约在村级治理中的重要作用。如森多镇新修改的村规民约，分为总则、细则、评审考核三大部分，突出了反分裂斗争、网络言行规范、安定团结、遵纪守法等二十七项内容，涵盖农村牧区事务管理的方方面面，形成了一整套的乡村自治体系一揽子方案，提升村级自治能力，达到了预期效果。

（二）突出宣传发动，强化考核奖励。通过动员、培训、召开村民代表会、村民大会、现场观摩、推进会，发动群众参与。利用广播电视、网络等新闻媒体、悬挂横幅、开辟专栏，编排顺口溜、民谚民歌，多渠道、多形式开展宣传动员活动。为强化村规民约的执

行力，全县各村建立了配套监督和奖惩机制，设立了奖励基金，制定了履约金等奖惩办法，每两个月进行汇总通报，每季度公布红黑榜，年终奖优惩劣。同时，由乡镇党委、政府负责，加强对村"两委"班子成员、村务监督委员会成员的全方位、多层次监督，确保村规民约执行不走样。

（三）突出集中启动，履行初心承诺。2020年10月，全县75个行政村统一开展了修订村规民约启动仪式，隆重举行升国旗仪式、重温入党誓词，邀请专家学者对村规民约进行现场讲解辅导，村民代表进行表态发言，全体村民户主现场签订了履行村规民约承诺书和责任书。通过一系列活动，全体村民对村规民约的认识明显提高，履行承诺的积极性显著提升。

三、发挥自治功能，强化精神文明建设

（一）在自治体系建设上，村规民约取得了新突破。推进村规和民约体系创新和村级治理能力建设，关键要坚持党的集中统一领导，做好乡村政治稳定、经济发展、文化繁荣、生态良好、民族团结、社会安定、人民幸福各项工作。贵南县采取行之有效的村级治理理念、治理方式、治理手段，村级治理体系和治理能力建设取得了新突破。全县各村突出落实党的各项路线方针政策，感恩党、听党话、跟党走，践行社会主义核心价值观、遵纪守法、维护社会秩序、移风易俗、保护生态环境等已经成为各族群众的自觉行动。塔秀乡聚焦"7531"，争做"七好"村民，即每年评选表彰好长辈、好婆婆、好干部、好学生、好邻居、好媳妇、好青年；突出五类人员，即突出中共党员、村"两委"班子成员、两代表一委员、非党员优秀村

民、优秀学生等五类"关键少数",开展评选活动;突出三个标准,即以"诚信、感恩、文明"为标准评选"七好"村民;曝光一批典型,即每年筛查一批制造不稳定隐患、无理缠访闹访、阻碍项目实施、破坏生态环境、诚信意识缺失等影响恶劣的反面典型,在全乡范围内进行公开曝光。

（二）在化解矛盾纠纷上,村规民约取得了新成效。村规民约通过创新发展新时代"枫桥经验",建立了人民调解、行政调解、司法调解"三位一体"联动制度,通过"有事好商量"协商解决矛盾纠纷;积极推动农村社会组织参与乡村治理、开展公共服务,激发社会组织的潜能,形成联防联控、群防群控、联动协同的乡村治理机制,通过调解矛盾,化解了一批农村牧区长年积累、想解决但未能解决的问题,切实把矛盾纠纷化解在基层。第一时间解决了群众的思想疑虑、家庭烦恼、邻里纠纷、法律困惑等烦心事,做到了解决小问题不出村、解决大问题不出乡镇,确保农村牧区社会大局稳定、长治久安。

（三）在推动移风易俗上,村规民约取得了新提升。村规民约突出治理婚嫁、彩礼、人情消费、宴席、丧葬中的不正风气,制定了制止基层大操大办、铺张浪费、攀比之风、厚葬薄养等陈规陋习的条款,用村规民约引导农牧民群众感党恩、听党话、跟党走,树立文明新风,进一步促进了村风民风的根本好转。"5只羊和几套藏服,就是女儿的全部陪嫁了。"贵南草原艳阳高照的时候,塔秀乡塔秀村的村民多某的二女儿出嫁,这位父亲完成了人生中的一件大事。"以前儿女结婚,置办陪嫁的时候,父母要还一辈子债。如今村规民约严禁铺张浪费、相互攀比,我们的压力大大减轻了",多某说。塔秀乡各村统一彩礼不超过5000元,婚礼中女方陪嫁由原来的

50 头牛或 100 只羊,控制到现在的 5 头牛或 15 只羊,费用压缩了近 10 倍,全乡仅 2020 年在婚丧嫁娶中节约的资金折现就达 241.56 万元。

（四）在改善环境上,村规民约取得了新成绩。结合环境整治三年行动,在全县开展大扫除、大清理、大改善、大提升行动,保持了城乡环境卫生持续良好,得到了群众的广泛支持、普遍认可和良好评价。自从成为茫曲镇沙拉村里的"第一巷道长"后,村民安某利用每天空闲时间检查巷道卫生,督促大家整治门前环境卫生就成了他的日常。"前两年我们村里每家门前都是杂草,牲畜的粪便到处都是。责任下达到户了以后,我们村里的环境卫生大大改善了,村庄变得干净、整洁,道路也畅通了。现在就像住在了城里,现代化的美丽乡村建设确实好",村民安某高兴地说。

四、在助推农村牧区振兴上,"村规民约+"取得了新成果

（一）实施"村规民约+农牧业发展"新模式,助推农牧业振兴。坚持把农牧业基础产业发展作为重中之重,纳入村规民约,立足"三黑一绿"（黑牦牛、黑藏羊、黑青稞、绿草）农牧基础优势,依托高效养殖和种植技术,打造专业合作社和家庭农牧场的牦牛"万千百"、黑藏羊"1210+X（1 个全国唯一黑藏羊保种场、2 个黑藏羊繁育示范村、10 个黑藏羊养殖合作社,新建多个繁育合作社）"、黑青稞、绿牧草规模抱团和家庭养殖"一人一牛、一人十羊"产业模式,加快特色产业发展。

（二）实施"村规民约+农畜产品加工"新模式,助推加工业振

兴。坚持把加快农畜产品加工纳入村规民约，如金穗家庭农场流转耕地 5230 亩，建立青稞、油菜、燕麦种植基地，生产青稞炒面、青稞挂面、酥油奶茶等有机产品，年总产值达到 685 万元。森多镇青稞羊村培育民族传统服装、青稞酒、种（养）殖等各类公司 3 家、专业合作社 3 个、家庭农牧场 14 家，年产值达到 673 万元。

（三）实施"村规民约+村集体经济发展"新模式，助推村集体经济振兴。坚持把壮大村集体经济纳入村规民约，如过马营镇沙加村党支部带头整合利用优势资源，有效盘活 5 处闲置资源，发展野血牦牛、藏系羊、青稞等特色产业，壮大村集体经济，年集体收入达 34.51 万元。

（四）实施"村规民约+防沙治沙"新模式，助推生态环境保护。坚持把生态保护作为重要责任纳入村规民约，在木格滩沙漠及周边沙区通过设置草方格沙障、栽植杨柳插杆、飞播柠条沙蒿等有效方式，近 25 年累计治理沙漠 166.5 万余亩，有效遏制了风沙侵袭耕地草原和人畜的现象；坚持把草原生态保护纳入村规民约，如塔秀乡针对过度放牧、草场退化严重的问题，拆除户隔网围栏 7000 多米，实现了草场区域性集中连片村集体统一经营，恢复了原生态草原面貌，对改善地区生态环境起到了积极作用。

专家点评

贵南县以修改和完善村规民约为立足点和着力点，鼓励村民参与本村事务、规范村民行为。通过加强村民自治体系建设，充分发挥村规民约在村民自治体系中的主体作用，引导村民依法依规参与本村事务处理，实现了村民"自我管理、自我教育、自我服务、自我约束"的目标。坚持党建引领，充分发挥村干部"头雁"带动作用和党员先锋模范作用，把党建引领作为一条主线贯穿乡村治理工作始终，切实调动起各方面参与农村协同共治的主动性和创造性，实现了党建和乡村治理的互动双赢。把陈规陋习作为乡村治理试点的一项重点内容，推进村级事务民事民议、民事民办、民事民管，扶正群众价值取向。健全党组织领导的自治、法治、德治相结合的乡村治理体系，深化拓展村规民约的基础作用。完善的治理体系及有效的治理功能，使贵南县乡村社会发展既充满活力又和谐有序，群众的获得感安全感幸福感显著提升。

生活富裕

建强组织堡垒 壮大集体经济
——河北省正定县塔元庄村党建引领集体经济发展的实践

塔元庄位于石家庄北侧15公里，滹沱河北岸，正定县城西侧1.5公里。20世纪80年代，村里沙地多、耕地少，全村2000多口人守着760亩薄田勉强糊口，乡亲们日子过得紧巴巴的。90年代，村班子更换频繁，思想涣散，村集体资产流失，年年亏损，老百姓连续上访告状，当时塔元庄是正定县最落后的村。2000年，新一届村"两委"班子上任以来，抓班子、谋发展、办实事，塔元庄一年一个样，年年有亮点。村党支部先后被评为"全国创先争优先进基层党组织""全国先进基层党组织"，塔元庄村先后荣获"全国文明村""中国最美休闲乡村""全国乡村治理示范村"等荣誉称号。从当初的"脏、乱、穷"村成为现在全省、全国有名的文明村、美丽村、幸福村，塔元庄为何能实现如此蜕变？

一、立规矩，建强组织堡垒

2000年1月，自家建筑生意正做得风生水起的村里"能人"被请回了老家塔元庄，当选为村党支部书记。一起当选的含村委会主任及其他村"两委"成员共7人。"当时村里欠外债30多万元，账面上只有 300 元现金"。"两委"班子接下的是一副烂摊子。

村子要发展，必须构筑坚强的组织堡垒。没有规矩，不成方圆，强班子、带队伍，都得靠规矩约束，让制度说话。

（一）给村"两委"班子立规矩。新"两委"班子对班子成员和村民明确提出红白事不摆"干部席"。取消"干部席"，不仅减轻了村民负担，而且使村干部放下了架子、蹲下了身子，祛了官气、接了地气。"两委"班子成员每个人都签了"廉政承诺书"，制定了"不吃、不拿、不贪""自身清、家庭清、朋友清"的纪律，将"三不三清"作为铁规。实行村干部年度"目标承诺"，"承诺"也成了一项制度。"认领目标，承诺上墙"，塔元庄村"两委"的这项工作机制，是从 2005 年开始实施的。每年年初，党员代表、村民代表开会商定村里发展目标，责任到人；目标认领和完成情况"上墙"公开，每季度公布进展情况，让全体村民来监督。塔元庄村委会一楼也是村民服务中心，进门的墙上赫然贴着一张"承诺单"。"两委"干部的名字、职务连同手机号，明明白白地写在上面。2021 年村"两委"班子的承诺单有 10 大项若干小项，每一项都关系村子发展和村民切身利益，非常细，操作性也强。

"班子团结，就是我们最大的优势。"工作上，班子成员也会有分歧，也嚷也吵，但"下去就没事了"。不团结、不公正，什么事也干不成，这是"两委"干部达成的共识。

（二）给普通党员立规矩。为让每个党员都牢记宗旨、责任意识，都能发挥先锋模范作用，塔元庄党员户实行挂牌示范制度，党员实行积分管理制度，承诺"我家有党员，乡亲向我看"。党员联系群众也有章可循，每名党员联系帮扶 2—3 户群众，成立党员志愿服务小分队，围绕环境卫生维护、矛盾纠纷调解、治安巡逻、困难家庭帮扶等事项开展志愿服务，为群众提供"点单式"服务，由群众定期对党员进行评比打分，加强对党员的监督激励。这些制度和活动拉近了党群关系，党员干部与村民走成了"亲戚"，交成了"朋友"，提高了党员队伍的凝聚力和战斗力，赢得了全体村民的广泛支持。

（三）坚持定期会议制度。坚持每月5日召开党员、村民代表会议，每半年召开民主议政会议和全体村民会议，确保村民知晓、参与村内的大事小情。同时，积极征求党员群众对村庄发展的意见建议，近年来共征求意见建议百十余条。经过认真梳理，落实相关建议48条，赢得了广大村民的支持和认可。"每月5号召开党员、村民代表大会，雷打不动，20年没间断。"村党支部书记说，"这么多年我只有一次因为在外地出差没赶上，其他时候次次到场，会议制度必须坚持！"

（四）建立后备力量培育机制。为防止出现"青黄不接"，保持村党组织生机活力，塔元庄把培育后备力量作为一项重要工程。"咱们村发展党员，重点培养什么人？"到塔元庄考察的专家学者、各级领导干部经常这样问。村党支部书记总是憨厚地笑笑："重点发展年轻人，培养能接替我当书记的人！"近年来，塔元庄党组织发展党员32名，培养入党积极分子60人，全村现有党员93人，党组织队伍不断壮大。2021年村"两委"换届，村党支部书记兼村委会主任继续留任，其他成员因年龄原因退出"两委"班子发挥余热，补充了6名新成员，为村"两委"班子增添了新鲜血液。新老搭配，也为塔元庄健康可持续发展奠定了坚实基础。

二、抓发展，壮大集体经济

村级党组织有人管事、有章理事，才能增强凝聚力、号召力，这是乡村振兴的组织支撑。发展集体经济，有钱办事，是增强集体组织服务功能的现实需要。

（一）盘活资产。塔元庄从 2005 年开始建立集体财富积累机制，通过盘点核定集体资产，建立台账，研究制定并落实有偿使用方案，实现了集体资产管理使用的规范化，使原来一些闲置和低价使用的资产得到了充分有效利用，村集体收入明显增加，当年村集体收入达到了 60 万元。

（二）开发资源。利用闲置厂房，招商引资。河北某蔬菜公司在塔元庄村建设绿色豆芽厂、豆腐厂，产品热销石家庄、正定各大超市，建厂以来每年为村集体创收 130 多万元。2008 年，村里把临街和靠近村广场的一楼作为商业门面房出租，租金 5 年一调，每年为村里创收 150 多万元。随着塔元庄的知名度越来越高，村集体的收入也越来越多。

三、办实事，赢得村民信任

一番苦干，村集体经济有了一定的积累，村组织增强了为群众办实事的能力。改水、改厕，修化粪池、沼气池、污水池、下水道，道路全面硬化、绿化、亮化，建娱乐健身广场、村民中心、卫生所、图书室、老年活动中心……就是靠着一件件实事、一场场实干，"两委"班子赢得了村民的心。刚开始没钱修路，村支部书记自己拿钱垫资，村干部扛锹上阵，风里雨里、水里泥里浑不在意；退耕还林，没钱请工人，村支部书记就带上干部、党员自己种树、自己管理，这个传统一直保持到现在。

2008 年 3 月，在村民多次观摩、全村绝大多数人达成共识的情况下，塔元庄启动"旧村改造"工程，全体村民免费住上了电梯洋房，水电费、物业费、采暖费等全免不说，村里还为每家留了一小块"自留地"，平时可以种点应季蔬菜，再过过当农民的"瘾"。住不了的楼房，还可以用来出租，又多了一份收入。

近年来，村集体每年为村民发放各种福利补贴800多万元。党员干部的奉献精神和清廉形象得到群众认可，村"两委"连续7届高票连选连任。

一位村民代表说："这些年，我始终紧紧盯着村里的党员干部，说句掏心窝的话，塔元庄的党支部真是个坚强有力的党支部。拆迁、分房是农村'老大难'问题，村'两委'班子拆房先从自家拆，分房时按先村民、后党员、再'两委'干部的顺序来，最后没有一家有意见闹矛盾的。"

发展集体经济、改善人居环境，一件件实事持续提升村民对村

正定县塔元庄村全景

组织的信任，也持续提高村组织团结办事的能力，村组织建设进一步强固，也为村集体经济再上新台阶奠定组织基础。

四、上台阶，开创美好未来

2013年，塔元庄确定了"农业产业化、旅游规范化、养老市场化"的发展目标，持续推进乡村振兴。

（一）农业产业化。塔元庄积极利用城郊区位优势，发展现代都市农业。村里通过"入股、租赁、互换"等多种形式流转农户承包土地600多亩，加上集体一般基本农田400亩，建成现代农业科技示范园；注册了"真定塔元庄"品牌商标，对面粉、花生油、小米、大米、牛蒡酒等，进行产品设计包装，采取会员制销售，形成了集种植、观光、加工为一体的产业链，大幅度提高了农业附加值。

（二）旅游规范化。正定是国家级历史文化名城，塔元庄在县城西侧1.5公里。近年来，随着采摘体验、乡村民俗等特色乡村旅游逐渐兴起，塔元庄紧抓机遇，依托正定县丰富的旅游资源和滹沱河两岸景观的优势，建设美食一条街、木屋民宿小镇，引进奇石馆、钱币馆等项目，倾力打造休闲旅游度假区，推出"美丽乡村+塔元庄+滹沱河景区"乡村旅游精品线。2020年，塔元庄接待游客50万人次，旅游综合收入约800万元，村民的"腰包"也跟着鼓了起来。

（三）养老市场化。塔元庄积极搭建养老市场化平台，把更多关怀倾注于民生领域，为村民提供更好的生活保障，确保村民养老无忧。投资150万元建设养老服务中心，配备了卫生诊所、超市、多功能娱乐厅等设施。塔元庄正在和企业合作，共同探索更加市场化的养老服务模式。

（四）村企合作促融合。梧桐树引来金凤凰，塔元庄班子团结，地理位置优越，引起了国家级农业产业化龙头企业同福集团的关注。同福集团有驰名商标，有覆盖全国的销售网络，有"六位一体"推进三产融合的经验。塔元庄有加快发展的需要，双方优势互补，开展合作。2020年1月，双方联合成立了河北塔元庄同福农业科技有限责任公司，全方位开展村企合作，合作项目被列为正定滹沱河沿岸省级乡村振兴示范区重点推进项目。这一合作在体制上实行"党委领导，市场运作，农民主体，共享成果"；在机制上实行"政府、企业、科技、金融、保险和农民六家握手"；在资源要素上实行农业农村资源与社会资本的有效融合，产权、组织结构清晰。建成的塔元庄同福乡村振兴"六位一体"展厅、智慧农场、研学营地、同福乐园等项目，每天吸引游客参观学习上万人，也为村集体每年增加了至少1000万元的收入。

2020年，村集体收入达到2500多万元，村民人均收入达到3万多元。2021年，塔元庄新一届村"两委"班子已扬帆起航，继续谱写燕赵乡村振兴新篇章！

专家点评

20世纪八九十年代的塔元庄土地贫瘠，集体资产亏损，组织涣散，经济落后，可谓问题重重、百废待兴。2000年，村里聚集"能人"，推选新一届"两委"班子，通过给班子立规矩，给普通党员立规矩，保障了干部廉洁，强化了党员宗旨和责任意识。通过设立定期会议制度，确保了村民知情权，及时听取并落实了群众的意见。这些制度规矩强化了党组织建设，聚人力，暖人心，为村集体发展提供了坚实的组织保障和群众基础。团结一致的党组织积极寻找发展集体经济的门路。一方面充分利用自身优势资源和外部专业资源，招商引资；另一方面建立并坚持村集体财富积累机制，既获得新的经济增长点，也保障了村民福利。党组织建设和集体经济发展是塔元庄振兴的两个着力点。塔元庄持续加强村党组织建设，以此推动村集体经济发展。村民获得更多实惠，村党组织的群众基础得到夯实，办实事的能力也得到提升，又继续推动着村集体经济再上新台阶。塔元庄已经形成村组织建设与村集体经济互为基础、互相促进的良性循环。

五村联动优势互补　乡村振兴多点成片
——上海市宝山区罗泾镇党建引领乡村振兴示范镇创建的实践

宝山区罗泾镇位于上海市北端，东濒长江，西邻嘉定，北接江苏太仓，区域面积48平方公里，总人口近6万人。塘湾、海星、花红、新陆、洋桥五村位于罗泾镇北部，沿江分布，首尾相连，状似弯弓。五村占地12.86平方公里，总户数2055户，户籍人口6570人，村民小组44个。五村紧邻宝钢水库和陈行水库，含2个基本农田保护区连片村和3个二级水源地保护区连片村，拥有6400亩耕地、3000多亩林地和30公里生态绿色健身步道。五村均为上海市美丽乡村示范村，水清、田秀、林逸、路幽、舍丽，"鱼在河里游，鸟在林中飞"是其自然名片，具有良好的生态基底，是一个让人看得见乡愁、体验到乡情的地方。

虽然五村生态环境、人文地理具有先天优势，但从分批推进各村乡村振兴示范村建设的实际情况来看，以单一村来推动乡村振兴往往会面临产业同质、资源分散、特色不足、运维成本较高等问题。本着乡村是"超大城市的稀缺资源，城市核心功能的重要承载地，城市核心竞争力的战略空间"的功能定位，在实践乡村振兴的探索中，罗泾镇着眼全局谋发展，提出"五村联动、全镇互动"概念，通过加强协同、优势互补，推进连片、统筹发展，共同建设沪北乡村振兴连片发展示范区，力求实现资源共享、成本共担、渠道共用、效果共赢，解决守着优质生态资源束手无策、单个行政村力有不足的窘境，真正实现乡村长效长远发展，把绿水青山转化为金山银山。

宝山区罗泾镇海派风貌别具特色

一、规划先行，布局谋篇

（一）统一谋划，梯次创建。罗泾镇坚持规划先行，立足互联互通，以点带面，优化各村资源配置，推动生态产业融合发展，形成了《宝山区罗泾镇郊野单元（村庄）规划》《罗泾镇五村联动乡村振兴示范村建设方案》。在规划方案中立足五村区域系统谋划，统筹把握五村总体定位、空间结构、产业布局、一村一品等发展方向，明确镇为推进主体、村为建设主体，实施镇、村联动，先后分三批创建上海市乡村振兴示范村。

（二）一村一品，互补发展。罗泾镇挖掘各村特色，打造一村一品，错位发展。"乡遇塘湾"做强"一朵花"，以千亩林地为依托、母婴康养为特色、萱草花产业为辅助，打造母婴康养村；"蟹逅海星"做强"一对蟹"，以千亩蟹塘为依托、渔事体验为特色、"运动康养＋科普亲子"为辅助，打造长江口生态渔村；"寻米花红"做强"一袋米"，以千亩良田为依托、农耕体验为特色，"休闲农业＋科普亲子"为辅助，打造耕织传家村；"蔬香新陆"做强"一篮菜"，以千亩蔬菜为依托、研学拓展为特色，"多元蔬艺产业＋森林体验"为辅助，打造研学营地村；"芋见洋桥"做强"一蒸糕"，以省界原乡为依托、农庄休闲为特色，"芋艿产业＋果香庭院"为辅助，打造芋香田园村。

二、党建联建，协同共兴

（一）创新党建联建模式。罗泾镇探索构建跨越行政管辖边界的网络型关系，组建联村党委，选派1名优秀年轻干部担任联村党委第一书记，负责联村党委全面工作。建立联席会议制度和决策共商机制，定期召开联席会议，进行职能协调、工作合作、资源调配和信息沟通，推进联动发展。

（二）构筑网格化治理格局。推进网格化党建，依托全镇三级网格化党建工作格局，加快各村"红帆港"党建（党群）服务站点、"一站式"便民服务站等阵地建设，夯实基层组织战斗堡垒，统筹推进乡村产业、生态、人才、文化、组织振兴。加强基层队伍建设，开展乡村人才"育鹰行动"，五村11人纳入培育计划。

（三）党建引领汇聚乡贤。组织五村乡贤、老党员、退休干部、村民代表等共建乡贤理事会，发挥乡贤理事会经验、人脉、资金、项目资源、模范引领等作用，用乡贤的力量凝聚引领文明乡风新风尚，献智献力助力家乡发展。

三、产业联合，组团共进

（一）突出大健康产业导向。塘湾村与某母婴专护服务公司合作，在整合、归并零星集体建设用地的基础上，用好区里专门划拨的建设用地指标，建成母婴健康管理中心，并流转周边富余民房，形成两大功能板块。"集约式母婴产后康养服务"板块，每年可为1000对母婴提供科学的康养服务，为5000个年轻家庭提供亲子度假和学前教育服务。"基地式母婴行业从业人员培训"板块，每年提供2000个母婴专护师等高级技能培训和1000个各类护理师的派出服务。围绕绿色健康这一母婴关注重点，以"海星渔村＋运动森林"基地、花红绿色米食基地、新陆绿色蔬菜基地和洋桥瓜果飘香的乡肴基地为支撑，依托原水生态环境，积极种植绿色稻米、蔬果，做强母婴康养和绿色农产品上下游产业链，共同夯实壮大健康乡村新产业。

（二）推动农旅产业转型升级。统筹区域农业升级，推进"品牌引领、质量发展"，打造宝山湖区域品牌，以市、区农业龙头企业统筹五村稻米产销加工、蔬菜产销和水产养殖。发挥品牌纽带作用，整合区域丰富农产品，提升农产品生产、加工、包装、销售等环节质量控制，拓展消费市场。串联区域旅游特色线路，统筹五村蟹逅馆、涵养林、星空营地、耕织馆、萱草园、芋见田园等管理运营，培育形成"泾"彩绝妙发现之旅、"花果宝山"休闲游等特色乡村旅游线路，2020年、2021年连续成为上海市休闲农业和乡村旅游推介线路。举办宝山湖长江蟹品鲜节、小龙虾垂钓节、美丽乡村徒步赛等特色活动，促进相互衔接，切实形成农旅产业升级的"团队效应"。

（三）培育研学教育产业。以新陆泾彩营地为核心，整合五村慈孝教育、民俗体验、渔事文化体验、蔬艺农耕体验、芋艿主题农耕体验、乡土乡情乡愁体验、萤火虫生态抚育、爱国主义教育基地、长江口水环境教育等丰富研学内容，通过"1+N"（1个营地+N个基地）模式培育研学教育新业态，搭建城乡交流新平台。慧跃星自然课堂等成为沪上知名自然教育新品牌。

四、风貌联塑，环境共护

（一）连片修复环境生态。通过一江（长江）、一河（新川沙河）、一湖（宝山湖）、一库（陈行水库）、一网（近70条河道），构建区域水生态系统。立足上海饮用水二级保护区、贯彻长江大保护政策，重点实施河道整治和生态治理，五村生态连片修复，构建去富营养化的"水生森林"净化系统，实现水体持续自净，提升整体生态环境。目前，五村大部分区域达到三类水质，局部可达二类水质。打破村落村界壁垒，农林用地连片发展，6000多亩农地、3000多亩林地构建区域连片生态屏障。

（二）重塑村落文化特色。一方面，因地制宜保护历史资源点的完整性、延续性，探索历史元素再生利用途径。如维护、修缮洋桥老宅、老树，保护小桥流水、果树庭院自然肌理，重塑"一条东升路、百年新陆史"，留住乡愁记忆。另一方面，围绕慈孝文化和延伸亲子主题，规划农林用地主题化、游憩化开发。如新陆村、塘湾村交界林地延续慈孝主题，统一打造"椿萱园＋木本蔬菜"基地；新陆村打造以春花秋色景观为特色、慈孝文化为主题的十恩林；花红村结合"春有桃花、夏有棉花、秋有稻花、冬有芦花"村名典故打造十里桃花水岸；千亩涵养林、星空营地等，已成为沪北较为知名的"新网红"打卡点。

五、设施联通，邻里共建

（一）联通片区内外交通。罗泾镇充分考虑村民实际需求，以提高可达性、提升行走体验为目标，大力推进"四好农村路"建设。立足联动路线衔接、拓宽、修缮和打通断头路、主路联村、支路成网，切实打通了"五村联动"的"任督二脉"。累计联通升级镇级道路9公里、村级道路40公里，增设停车场20余个，增加停车位1200余个。利用现有道路基础，以支路为主，分离机动车干扰，打造了21公里骑行线路，并利用沿线节点设置八大骑行驿站。

（二）统筹公共设施配置。立足产业发展需求，集约建设片区公共设施，以东西端的塘湾村、海星村为两核设置游客（公共）服务中心，新陆村为营地设置研学教育接待中心，洋桥为纽带设置五村农机服务、米制品加工中心。同时，根据村庄人口规模，按需配置公共基础设施和村民活动阵地，突出邻里共享。如塘湾村和洋桥村、新陆村合用一个篮球场，洋桥村和新陆村合用一个垃圾分类点位。

六、治理联动，智慧共管

（一）建立健全联合治理机制。在联村党委领导下，整合各村人力、资源等要素和经验管理等，构建长效运营管理机制。物业管理统一聘请，协商委托专业公司负责片区保洁、保安、保绿，提升村容村貌日常管理水平，保证村村交界地段不留盲区。骨干队伍力量统筹使用，组织各村干部模范队、党员先锋队、小组长宣传队、妇女巾帼队、志愿服务队、青年突击队和乡贤参谋队等7支力量，参与治安联防、环境维护等片区事务，引导村民共治共管。

（二）推行"千分考核""六治三理"。海星村试点探索建立考核奖惩到户机制，围绕拆违、建房、河道、田林、村宅道路等十个方面形成了考核制度，极大调动了村民自治自管的热情。镇党委及时总结经验，完善形成十项清单、千分考核工作制，并进一步借鉴上海城市精细化管理经验，抓住群众关心、矛盾突出、管理薄弱的环节，梳理形成"治建房、治租房、治河道、治田林、治村宅、治秩序"和"理群众需求、理村级'三资'、理人员配置"的区域治理"六治三理"工作法，在五村内率先推广，推动片区乡村治理迈上新台阶。

（三）构建五村智治平台。以五村为整体，加快无线网络全域覆盖和应用场景开发，建设数字乡村。配置"鹰眼"、安防监控等智能设备，接入"一网统管"平台，实现五村信息平台联网、综治工作联动。开发智慧乡村导览系统，目前已在塘湾、海星等村应用，未来可实现游客一机在手即可游遍全域。为老服务、河道管理等民生服务和综合管理的智能应用模块正在紧锣密鼓开发中。

专家点评

乡村振兴是一项综合性系统工程，不但要考虑城乡关系，还要考虑乡村之间的关系，尤其是村与村之间的关系，从系统性、整体性、协同性角度统筹谋划和整体设计。实践中，很多村庄立足实际，因地制宜采取创新发展措施，促进村域发展和振兴。也有些地方，在发展过程中意识到，以单一村来推动乡村振兴往往会面临发展定位重叠、资源单一有限、运营成本较高等问题。罗泾镇就是这样一个典型，在实施乡村振兴过程中，罗泾镇依托上海超大城市的需求，跳出单个村推动乡村发展的视野，扩大乡村振兴的基本单元，将地理相依、要素相似的五个村连片打造，通过统一规划、整体部署，五村联动、协调推进，形成发展合力，有效克服单一村发展过程中的短板，从实际出发探索出一条联动发展促进乡村振兴之路。

需要注意的是，借鉴超大城市上海近郊罗泾镇的经验，不能简单复制，应当根据当地的区位特点、产业基础、发展环境的实际情况审慎展开。需要充分尊重基层组织以及农民的意愿，保持各地乡村的特色，不能简单地贪大求洋，片面追求规模化。部分地区简单粗暴推动合村并居，造成的问题和教训值得重视与汲取。

发展集体经济　奔向共同富裕
——江苏省张家港市永联村强村富民的实践

永联村位于江苏省张家港市南丰镇，到1978年仍是当时沙洲县最小最穷的村。改革开放后，永联村发生了翻天覆地的变化。现在的永联村，正在乡村振兴的大道上阔步前进：产业兴旺，2020年工农业销售收入突破1000亿元，利税60亿元；生态宜居，农民生活在小镇水乡、绿色工厂、现代农庄环抱之中；乡风文明，连续六届被评为全国文明村；治理有效，村企产权清晰，社区平安和谐，居民自觉自治；生活富裕，农民人人有工作，家家有产权房，人均纯收入近6万元。从全县最小最穷村，逐步发展成为全国现代化建设

张家港市永联村航拍图

的样板，永联村几十年来走出了一条以工业化牵引，带动城镇化建设，进而实现农业农村现代化的发展道路。其成功经验是始终坚持发展壮大集体经济不动摇，实现了村级集体经济从无到有、从小到大、从大到强的转变，带动全体村民奔向共同富裕。

一、理顺村企关系，由村企合一向村企合作转变

改革开放初期，"村企合一"的集体经济发展模式给永联村快速发展经济作出了很大贡献。但随着现代企业制度的建立、股东意识的增强，永联村及时进行村企分离，由"村企合一"向"村企合伙，村企合作"转变。

（一）产权分离和管理分离。产权清晰是维护企业股东和村民利益的根本保证。1998年和2000年，在"彻底转、转彻底"的大背景下，永钢集团先后两次进行股份制改造。在此过程中，永联村党委坚持给永联村老百姓保留了25%的股权，75%的股权由永钢集团经营管理层持股。由此，永联村在以土地为纽带的基础上，创新了以资本为纽带的共建共享实现形式，即把全村的集体资源和集体资产转化为集体资本，再把集体资本转化为集体在永钢集团的股份。同时，永联村还规定，永钢集团围墙内的事由永钢集团管理，围墙外的事由永联村负责。村企分离后，永钢集团快速发展，到2020年，销售收入实现超千亿元。

（二）合作共建共享发展成果。村企分离后，永钢集团再租用永联村的土地扩大生产就必须签订租用协议，根据用地性质按价支付租金，其中工业用地每亩每年租金6000元，非工业配套绿化用地每亩每年租金1500元。由于永联村经济合作社在永钢集团占股25%，永

钢集团每年年底给永联村分红，近三年累计分红超过 6 亿元，社员每年人均可获得分红约 1 万元。永钢集团还充分发挥大企业优势，提供了大量就业岗位，现已吸纳 2000 余名永联村民就业。对因年龄、学历、身体等原因无法进入永钢集团工作的劳动力，永联村成立劳务公司将其组织起来，并跟永钢集团签订购买服务协议，专门负责永钢集团剥离出来的保洁、绿化、保安等岗位。目前，永联村民和永钢集团股民形成了一个利益共同体，村民、股民和谐相处，共谋发展。

二、实行政经分离，集体经济实现股份合作化经营

（一）推进政经分离。1982 年，永联村成立了经济合作社，但与永联村民委员会是一套班子、两块牌子，属"政经合一"的管理体制。2013 年，永联村成立永合社区，村庄治理由村民委员会体制下的村民自治转变为居民委员会体制下的居民自治。为更好地发挥经济合作社的功能作用，永联村经济合作社制定了《永联村经济合作社社员资格确权办法》，对所有村民进行社员资格确认，并张榜公示，最终确定 10930 人为永联村经济合作社社员。在借鉴发达国家乡村治理模式、尊重现代企业制度、坚持社会主义本质要求"共建共享"原则的基础上，修订了《永联村经济合作社章程》，并依据章程选举产生了 239 名社员代表。2014 年，永联村经济合作社召开了第一届社员代表大会，选举产生了第一届经济合作社理事会、监事会班子，理事会聘请经济合作社社长、副社长和职能部门经理。至此，永联村实现了政经分离，永合社区负责社会管理事务，村经济合作社负责集体土地、集体资产、集体资本的保值增值，确保社

员经济权益的最大化。

（二）壮大集体经济。近年来，永联村的集体经济飞速发展，集体经济总量逐步增大，主要包含三方面：一是集体资本。永联村集体占有永钢集团25%的股权，目前这25%的股权由10857个社员集体持有，每年可从企业利润中获得的分红超过亿元。二是集体土地。永联村有8000亩可耕地，按照因地制宜、统一规划的原则，以先进理念、高科技设施，相继建起了现代粮食基地、花卉果蔬基地、苗木园艺基地、特种水产养殖场和苏州江南农耕文化园。三是集体资产。永联小镇在建设过程中，为了深挖土地利用潜力，充分利用楼栋之间的间距，建设了3条商业街，共有300多间门面店。这些门面店没有一卖了之，而是由村经济合作社统一经营管理，面向市场招租，租金纳入永联村集体经济。2020年，永联村经济合作社营业收入达4.7亿元，村级可用财力达到1.84亿元。

三、着力"五化"建设，实现一二三产业融合发展

（一）种植养殖基地化。基地化的种植养殖为规模化种植养殖构建了基本单元，为标准化种植养殖提供了条件，为订单化农业奠定了基础。永联村在充分尊重村民意愿的基础上，以每年每亩1500元标准，将村民的土地承包经营权集中流转到村集体，建成占地3000亩的粮食基地、400亩的蔬菜基地、100亩的特种水产养殖基地，实施标准化种植养殖，种植养殖业年营业收入达2000万元。

（二）加工制作工业化。走出传统作坊，以现代工业的方式实施农产品加工制作，才能生产出质量稳定、可控的农产品，形成标准化、可追溯的农产品体系。永联村建设了中央厨房、豆制品加工厂、

食品加工厂、花露酒酿造厂等多家具有 SC（食品生产许可）认证的农产品加工企业，年营业收入达 6000 万元。

（三）销售配送网络化。只有实现网络化，才能满足农产品销售配送对象点多、面广、量大等特点，适应农产品销售配送流程长、环节多、体系性强等要求。永联村健全物流配送体系，建有 1200 立方米冷库、8000 平方米仓储中心，有 30 余辆配送车、12 家天天鲜直营门店和"永联菜篮"网络销售平台，直接配送服务学校、银行等企事业单位客户近 200 家，形成了线上线下全渠道销售配送体系，年营业收入达 1.6 亿元。

（四）餐饮美食特色化。产品特色是产品质量的重要内容，是市场竞争力的主要因素。餐饮美食作为农产品的终端环节，没有特色就没有出路。这些年来，永联村的餐饮美食主打乡村特点和江南特色，形成了"永联小镇""沙洲风情""天天鲜"等餐饮美食品牌，年营业收入达 2000 万元。

（五）观光体验产品化。农业的观赏、体验活动只有与周边相关旅游资源组合打包，形成完整的旅游产品，才能有效发挥农业的观光、体验等旅游要素功能。永联村把田间地头的采摘、花卉草木的观赏、农业生产的劳作等，与游农耕文化园、泡凤凰山温泉、住永联度假酒店，组合打包形成旅游产品，推向上海、苏南市场。

基地、加工、餐饮美食、销售、旅游观光是农业产业链上的 5 个环节，如果单纯发展其中某一个环节，很难在市场上形成优势和竞争力。永联村通过"五化"，打造了农业产业链闭环，使 5 个环节相互依存、相互支撑，实现了农业的内生循环发展，充分释放了农业各个环节的活力。2019 年，永联村获评"江苏省一二三产融合发展先导区"。

四、盘活城乡资源，大力发展乡村旅游

永联村的就地城镇化和工业化是协同推进的。工业化过程主要表现为永钢集团的创办和兴起，如永钢集团从创办初期占地几十亩逐步发展到当前将近5000亩。随着永钢集团不断发展壮大，集聚的人口越来越多，到2005年底，永联村形成了一个拥有1600户村民的社区，已然有了小城镇形态。从2006年开始，永联村借助集体经济雄厚的优势，抓住城乡建设用地增减指标挂钩试点的机会，经充分尊重群众意愿后，先后投资30多亿元，将全村10.5平方公里范围内散居在田间地头的农宅及宅基地进行归并集中，然后按照城镇化、现代化标准建起了可供2万人居住的社区——永联小镇。在建设永联小镇的过程中，永联村配套建设了3条商业街，街上有300多间门面店，这些门面店的产权归永联村经济合作社所有，为发展乡村旅游打下了基础。

永联村民认为，城镇化发展到一定阶段后，传统的农耕文化、田园风情将对城镇居民产生巨大的吸引力。为此，从2009年起，永联村就开始布局乡村旅游业，在深度挖掘传统江南农耕文化的基础上，按照"缩小比例的江南水乡、功能丰富的休闲农庄、农耕主题的文化走廊"的总体设想，建设了苏州江南农耕文化园，让游客在观赏江南田园风光、品味江南农耕文化中增长知识，修养身心。

2012年以来，为满足游客需求，永联村先后扩建了农耕文化园，建设了垂钓中心、美食街、金手指广场、永联展示馆、议事厅等，积极开发绿色生态旅游产业，推出了"新农村考察游""学生教育游""田园风光游""休闲生态游""工厂体验游"等多个主题旅游

产品，借助节庆特色，打造了"永联美食节""夏季奇幻夜""农民丰收节"等节庆活动，着力打造"时尚乡村、传奇永联"乡村旅游目的地，吸引了大量来自上海、苏州、南京等周边城市居民前来体验江南水乡景色、现代乡村生活。

永联村乡村旅游的发展不仅给永联村集体、永联村民带来了经济收入，还为永联村提升社会地位、市场地位奠定了良好基础，更为永联村改善生态环境创造了隐形资源资产。2020年，永联村接待游客达100万人次。历经10余年建设，永联村基本形成了全域旅游融合发展的乡村旅游格局，先后获评"国家4A级旅游景区""江苏省五星级乡村旅游区""中国最具魅力休闲乡村""中国乡村旅游模范村""全国乡村旅游重点村"等荣誉。

专家点评

发展农村集体经济是全面推进乡村振兴的重要手段，也是实现农民共同富裕的重要举措。全国有50多万个行政村，村村都在探索如何发展壮大集体经济和怎样平衡村集体与成员的利益关系，这是当下农村集体经济发展面临的两大难题。永联村探索实行"政经分离"，将发展经济和管理村务分开，避免职能混乱，实现专业的人去做专业的事。集体经济要在市场竞争中发展，为了降低市场风险，永联村走上多元化的集体经济发展道路，涉足工业、现代农业、店铺物业、餐饮美食、乡村旅游等领域，立足自身优势全面开花结果。"集体强"

是为了更好地实现"村民富"目标。永联村非常注重村民的经济权益保障，如村党委坚持给永联村集体组织成员保留永钢集团25%的股权，并由成员集体持有和分红，建立起集体收益分配权保障机制。在永联村，能进入永钢集团工作的人都优先招录，不符合条件的就由村里组建的劳务公司承揽业务提供就业机会，以此确保"想干活的人都有活可干"。总体而言，永联村多元化发展村级集体经济，构建完善的利益分配机制和就业保障机制，对外"做大蛋糕"，对内"分好蛋糕"，切实推动了村集体与农民共同富裕。

以党建领航牢记改革初心
在希望的田野上阔步前行
——安徽省凤阳县小岗村开辟乡村振兴新路径

"我们的家乡在希望的田野上,炊烟在新建的住房上飘荡,小河在美丽的村庄流淌……"四十多年前,《在希望的田野上》唱响大江南北、风靡全国,这首歌的原型就是"中国农村改革的发源地"——安徽小岗村。

2016年4月25日,习近平总书记考察小岗村,重温中国农村改革历程。其间,总书记在召开的农村改革座谈会上强调,"中国要强,农业必须强;中国要美,农村必须美;中国要富,农民必须富"。乡村振兴大幕徐徐展开后,小岗村也再次站在了农村改革发展新征程的起点上。

忆往昔峥嵘岁月,看今朝续写春秋。小岗人虽有过"一夜越过温饱线,二十年没进富裕门"的困惑彷徨,但始终坚守改革初心,奋楫争流与时代同进步。小岗的四十载变迁正是中国改革开放发展的生动写照,小岗的前进之路也印证了一个颠扑不破的真理:发展无止境,改革无穷期。

一、始终做好改革文章，为乡村振兴提供充沛动能

（一）深化农村承包土地"三权"分置改革。小岗村完成了21320亩村集体土地所有权确权颁证。2015年7月8日，全省农村土地承包经营权"第一证"在小岗村颁发，完成13744.8亩农村土地承包经营权确权颁证工作，村民领到了"红证书"，吃上了"定心丸"。按照"自愿、有偿"原则，引导农村土地经营权有序流转。截至2021年5月，小岗村共流转土地10300亩，占全村可耕土地面积的71%。

（二）探索农村土地股份合作制改革。小岗村养殖大户以"入股合作社、抱团促增收"模式，发起成立小岗村民益土地股份合作社，探索解决"谁来种田、如何种田"难题。小殷村民组43户村民以户为单位，以584.81亩土地经营权入股合作社，由合作社负责统一生产经营管理，入股农户可获得租金、薪金、股金和国家补贴的"三金一补"收益。

（三）推进农村集体产权制度改革。小岗村完成了集体资产股份合作制改革，成立了小岗村集体资产股份合作社，建立股东台账，填制股权证书。自2018年起村集体经济股份合作社连续4年分别为每名村民分红350元、520元、580元、600元，成功实现从"人人持股"到"人人分红"。

（四）深化农村金融改革。为破解农户和新型农业经营主体融资难、融资贵问题，小岗村设立风险补偿基金，发放"兴农贷"40户共计400万元。与安徽农业担保公司合作，为5户新型经营主体办理"劝耕贷"贷款85万元。开展承包土地经营权抵押贷款试点，累计发放承包经营权抵押贷款1160万元。

二、始终做好产业文章，为乡村振兴打好物质基础

（一）做优"一产"，发展现代生态农业和高效农业。小岗全域水利工程4300亩高标准农田水利基础设施、马家坝水库清淤扩容、"引水上岗"工程等全部完工，投资2934.51万元，完成高标准农田改造治理项目8000亩，基本实现高标准农田全覆盖和"小田变大田、碎田变整田"，小岗村90%以上的土地实现了高标准农田综合治理。同时，大力发展生态农业、高效农业，深化与北大荒集团、安徽农垦集团、安徽科技学院合作，在全村推广北大荒种植模式，通过采用"两减一增"绿色优质水稻生产、生物有机肥提质增效、生物基质无土育秧等一系列标准化先进种植技术，逐步转变传统种植方式，提升现代农业种植水平。2019年，在遭受旱灾的情况下，小岗村水稻平均亩产达650公斤，每亩节本增收200元左右，实现"做给村民看、带着村民干、帮助村民赚"的目的。坚持以市场需求为导向，加快发展"三品一标"农产品，先后扶持培育合作社20个、家庭农场11家、农业产业化龙头企业2家，培育出"小岗葡萄""小岗奶油草莓""小岗樱桃""小岗黑豆"等诸多品牌优质农产品，其中金小岗农林科技有限公司培育的"小岗樱桃"，年均实现销售额约60万元。

（二）做强"二产"，发展农副产品深加工产业。总投资10.6亿元的盼盼食品项目已建成投产，主要生产烘焙、膨化、曲奇等健康休闲食品，可实现年精深加工马铃薯、玉米、小麦、大米、大豆、花生、鸡蛋等各类农副产品20万吨，用工人数1500人，实现利税超亿元。投资1.8亿元的蒸谷米食品项目建成投产，凭借41项核心

专利技术和中国第一个蒸谷米省级行业标准，将"小岗稻米"升级为"营养蒸谷米"，预计年销售收入4亿元，每亩增收200—300元。总投资30亿元的恒大高科农业小岗村田园综合体项目签订战略合作协议，集美丽乡村、现代智慧农业、观光农业、农产品加工以及商业旅游于一体。总投资额近3亿元的耕康集团小岗村大福地中医药康养园项目一期已奠基开工，盘活了历史遗留问题地块，打造产业发展新的增长点。

（三）做大"三产"，发展乡村旅游和培训经济。小岗村以创建5A景区为目标，对"两馆一中心""当年农家"以及改革大道和友谊大道景观进行改造提升，"工坊街"一期入驻特色商户9家。先后举办"岗上花开·万人游小岗""小岗村首届紫藤花文化美食节""小岗村葡萄文化旅游节"等系列文化旅游主题活动50余场次，入选"全国百佳乡村旅游目的地"。培训教育产业逐步发展，小岗村盼盼食品有限公司入选省级研学实践教育基地，启动"探寻红色小岗，致敬改革先锋""今天我是小岗人"主题研学培训，培训学生1万余人次。安徽小岗干部学院二期工程已竣工投入使用，已承办培训班91期、学员4万多人次。小岗村培训中心先后承接中央组织部、农业农村部农村实用人才培训和各类社会培训项目，累计培训学员6万多人次。

三、始终做好治理文章，为乡村振兴铺就善治之路

（一）改善基础设施，打造宜居小岗。通过实施农村土地增减挂钩项目，小岗村累计完成土地验收指标773亩，99%的村民实现小区集中居住。通过推进石马小区3期住房、核心区生态停车场、

平山公墓等公共基础设施建设，水电路气网等基础设施得到全面改善。在全村开展"美丽庭院"改造提升行动，由家庭自愿申请，村集体对申报成功进行改造的农户按改造结算费用的50%进行补贴，每户最高补贴1000元，形成村主导、片联动、户参与的"美丽庭院"创建工作机制，已成功创建"美丽庭院"示范户30户，打造一户一品、一户一景、一户一韵的美丽庭院。村集体为全体村民办理新农合、养老保险、农业保险等政策性保险，每位村民每年获益300多元。完善小岗学校软硬件设施，建立教师生活津贴补助、教育教学奖励制度，每年发放教育奖补资金50余万元。开展"名村""名校"合作，小岗学校成功获评2019年"全省教育系统先进集体"。

（二）提升治理能力，打造平安小岗。小岗村按照3个集中居住区将本村划分为3个网格，均配备专职网格管理员，做好信息采集、矛盾排查、纠纷调处、治安防控、安置帮教等基础工作。打造村一级的"雪亮工程"，依托综治信息系统、综治视联网和公共安全视频监控系统，将村庄周边的37个视频监控联网接入中心，全天监控村内重点区域。组建包含村干部、公安民警、老党员、青年团员等在内的10余支群防群治队伍，配备巡逻车、橡皮棍、强光手电筒等装备，做到"白天见巡逻队，晚上见警灯"。在保障小岗村综治中心规范运行的同时，成立小岗村义务调解委员会，由老党员、老村干部、老退伍军人等志愿者组成，参与矛盾纠纷化解。近五年来，共办结群众诉求372件，调解各类纠纷93起。群众有事"动动嘴"、干部主动"跑跑腿"成为常态，实现了"小事不出组，大事不出村"的目标。

（三）树立文明乡风，打造和谐小岗。小岗村新时代文明实践站

小岗村村民代表表决村规民约

建成使用，修订更新村规民约，向全体村民发放《小岗村乡风文明公约方案汇编》，分片区成立移风易俗理事会、石马三期建房理事会等，扎实推进乡风文明建设。成立小岗村"美德银行"，倡导"婚事新办、丧事简办、小事不办、杜绝大操大办"，促进了自治、法治、德治有机融合。自 2019 年成立小岗村新时代文明实践志愿者服务队以来，先后组织开展环境卫生创建、重大活动保障等志愿服务活动 60 余次。组建广场舞队、花鼓队等群众演出队 6 支，邀请文艺演出团体，来村开展"倡导乡风文明，弘扬时代新风"系列专题文艺演出 7 场，连续 11 年组织开展"好婆婆""好媳妇""美德少年""文明新风户"评选表彰活动。

四、始终做好党建文章，为乡村振兴筑牢政治保证

（一）注重建强领导班子。通过"内部选""外部引""上级派"等方式选优配强村党委班子，使年龄、学历结构进一步优化，战斗力、凝聚力进一步增强。建立了省指导、市主导、县乡统筹、村抓落实、第一书记负总责的工作机制。充分发挥村团委、妇代会等群团组织作用，开展节日慰问、技能培训、文艺演出等系列活动，引导群团组织广泛参与村级事务。

（二）注重完善制度规范。研究制定《小岗村年度党建工作计划》《小岗村党建引领"三治融合"实施方案》《小岗村考勤管理制度》等一系列制度方案，形成了权责明确、各司其职、各尽其责的工作制度。坚持以提升组织力为重点，严格落实"三会一课""四议两公开"和村级事务民主监督等各项制度，切实把村党委建设成宣传党的主张、贯彻党的决定、领导基层治理、推动改革发展、维护社会和谐稳定的坚强战斗堡垒。通过严格的干部考核和奖惩机制，锻造一支懂农业、爱农村、爱农民的"三农"工作队伍。

（三）注重开展主题活动。结合第二批"不忘初心、牢记使命"主题教育和党史学习教育活动，组织召开主题教育宣讲报告会、学习研讨会、工作推进会，开展革命传统教育和红色主题教育活动、第一书记上专题党课等活动。新冠肺炎疫情发生以来，党员干部群众纷纷自愿向组织捐款捐物，累计收到抗疫特殊党费4.06万元、村民捐款1.4万元。村党委和小岗蒸谷米食品科技有限公司共同捐赠价值40万元的蒸谷米，千里驰援武汉，为打赢疫情阻击战贡献"小岗力量"。

专家点评

在迈向乡村振兴的伟大征程上，小岗人一路蹄疾步稳、勇毅笃行，攻克了求索道路上一个又一个"娄山关""腊子口"。小岗经验无时无刻不在启示着我们奋勇前进。一是改革激活发展动力。通过不断深化改革，破解体制机制的堵点，清除阻碍"三农"事业发展的藩篱，这是当前全面推进乡村振兴、加快实现农业农村现代化的必然选择。二是做强产业的"金饭碗"。产业兴旺的关键是把小农户和农业现代化有效衔接起来，通过引进福建盼盼集团等知名企业，改造落后产业、提升产能，形成独具特色、各展所长、百花齐放的乡土品牌，让老百姓端稳增收致富的"金饭碗"。三是走好乡村善治之路。乡村治理是国家治理的基石，要以人民为中心，把改善民生福祉作为发展的核心要义，科学谋划、因地制宜、积极探索、勇于实践，夯实乡村治理这个根基。四是加强基层党的建设。农村工作千头万绪，党建是做好"三农"工作的根本政治保证。要驰而不息保持抓党建态势，坚决扛起农村基层党建责任，推动农村基层党组织全面进步。

念好人才"六字诀" 铺就乡村振兴路
——湖北省十堰市大力推动人才振兴

湖北省十堰市地处秦巴山腹地，是南水北调中线工程核心水源区、国家重要生态功能区，也曾是全国全省集中连片特困地区，集老、少、边、穷、库、山于一体，所辖8个县市区均是脱贫县。"功以才成，业由才广。"近年来，十堰市委、市政府在实现高质量脱贫和推进乡村振兴战略过程中，始终把人才工作摆在突出位置和优先方向，从农村人才队伍的实际出发，在选才、育才、引才、借才、用才、留才等六个方面打好"组合拳"，不断建立健全人才流动、评价培育和激励机制，积极引导人才向农村一线集聚并提供优良的成长环境，为巩固拓展脱贫攻坚成果同乡村振兴有效衔接提供了有力的智力支撑和人才保障。

一、在"选"上出实招，配齐建强村级组织带头人

乡村振兴，人才先行。十堰市坚持将人才振兴作为乡村振兴的重要抓手，在选优配强村干部队伍上下功夫。采取"从外出打工能人中回引一批、从大学生村官中选任一批、从大中专毕业生中选任一批、从复员退伍党员军人中培养一批、从公开选拔后备干部中提

任一批、从现任干部中留任一批、从专业合作社党员负责人中选任一批、从退休企事业干部中聘任一批、跨村交流任职一批、从乡村医生中培养一批"等"十个一批"方式，打破地域、身份、职业界限，真正做到不拘一格选用人才，打造一支思想政治素质好、带富致富能力强、群众工作能力强的村级组织带头人队伍。近年来，全市新调整村党组织书记890人，其中本地本村"选"457人，外地回"引"77人，选"派"干部335人，选"聘"干部21人。村党组织书记平均年龄46.3岁，40岁以下村党组织书记占19.2%，大专及以上学历村党组织书记占29.8%，村书记、主任"一肩挑"比例达98%，村党组织书记队伍结构持续优化。实施培训提能工程，把村党组织书记培训纳入全市党员干部教育培训重点对象，每年对456个建档立卡贫困村党组织书记集中示范培训。举办十堰市首届"新时代村书记论坛"，推荐全市有影响力的村党组织书记参加全国村长论坛。

二、在"育"上求突破，不断壮大乡村人才队伍

由于农村地域偏远、经济基础薄弱，乡土人才队伍存量少、引进难，十堰市坚持以育为主，聚焦本土人才资源，为乡村振兴发掘内生动力。2015年，在全省率先实施"一村多名大学生计划"，开办"一村多"中高职贯通班，出台"一村多"学员回乡创业扶持意见，促进学员主动回乡干事创业、传播先进技术、兴办致富产业。计划实施以来，累计招录学员1520名，培养基层组织建设带头人和科技致富带头人726名，456个重点贫困村实现全覆盖。实施教育、卫生等领域基层人才百人计划，选拔偏远乡村学校教师开展非脱产

学习。通过"县乡审核、免费培养、认定学历、回村服务"订单培养模式，培养基层全科医生280名、村医720名。实施高素质农民培育工程，举办种养殖、电商、村级集体经济与产业发展、创业创新青年暨乡村振兴巾帼带头人等培训班，培训高素质农民10572人、基层农技推广骨干249名、农村实用人才带头人130名。2020年起实施"一品多名技术员"计划，围绕环丹江口库区187个重点村产业发展现状和需要，遴选一批综合素质高、专业知识面广、实践经验丰富、乐于服务基层的专家人才，担任"一品多名技术员计划"特聘专家技术人员到村开展技术服务，带动培养一批农业特色产业技术员。加强乡村振兴人才载体建设，十堰市科技学校成功入选国家乡村振兴人才培养优质校，累计培养大中专毕业生近5万人，培训农村实用人才5万余人次。

丹江口市青年人才创新创业先锋营活动

三、在"引"上做文章，鼓励在外人才回乡创业

栽下梧桐树，引得凤凰来。十堰市依托本地主导产业和特色农业产业，聚焦人才引进平台，为乡村振兴注入产业动能。积极推进"我选湖北·圆梦车城"计划、搭建大学生实习实训平台，吸引优秀大学生到乡村特色农业产业基地实习实训、就业创业，建立大学生实习实训基地184个，累计接纳大学生就业创业6300人。实施能人回归计划，各地以村为单位建立乡土人才信息库，全面掌握8409名农村能人家底，抢抓春节期间能人返乡的有利时机，采取召开恳谈会、上门走访等方式，发现掌握一批有志回乡回村工作的年轻高素质能人。完善返乡创业能人信息库，建立优秀人才库，按创业能手、专技能手、经管能手等类别一人一档登记造册，进行常态化管理。近年来，已有4000多名能人返乡发展、反哺家乡建设，有500多名能人在农村担任村干部。郧西县注重发挥乡贤能人作用，通过乡亲扶贫会、企业洽谈会等形式，鼓励在外创业有所成就的能人回乡投资，反哺家乡，共吸引347名外出成功人士回归，创办企业58家，领办产业项目142个，带动农村创业就业1.85万人，涌现出"扫帚大王"、闻名全国的"淘宝村"郧西县涧池乡下营村等一批先进典型。郧西县湖北口回族乡小新川村党支部书记积极响应党和政府号召返乡创业，长期坚守在偏远的少数民族贫困山区，带领1000多户农民种植五味子3500余亩，带动鄂陕两省700余户群众实现脱贫。实施农民工返乡创业三年行动计划，积极鼓励引导有创业意愿的返乡农民工自主创业，对创办经济实体的农民工给予2000—5000元的一次性返乡创业补贴，实现全市新增返乡创业1万人、带动就业3万人以上。

四、在"借"上探新路，高端智力引领乡村产业发展

加大柔性引才借智力度，补足乡村人才紧缺短板。十堰市积极对接争取近 100 名院士专家、博士深入基层开展种植、养殖、农产品加工等方面技术指导，帮助解决产业发展难题。强化院士专家产业支撑发展作用，建成院士专家工作站 71 家，先后与 10 名院士及近百名专家教授签约建立长期合作关系。近年来，合作项目 320 余项，开发新产品 140 余个，获授权专利 126 项，破解技术难题 520 余项，打造了竹山县巴山食品、房县九方魔芋、丹江口市金陵水产等十多个脱贫攻坚产业示范区，其中武当动物药业院士工作站被中国科协评为"全国示范院士专家工作站"，带动了现代农业转型升级，推动了农村产业发展。在院士专家服务产业发展"515"行动中，华中农业大学教授带领科技服务团队多次深入丹江口市实施精准对接指导，开展联合创新，加速农业科技成果转化，促进柑橘产业高质量发展。深化市企共建、校企共建、校县共建等人才工作合作，探索形成了"以需求为导向，以项目为载体，以引才借智为目的"的引才模式。近年来，中国地质大学、湖北工业大学、武汉市教育局等与竹山、房县、郧西等建立了人才共建项目。驻市高校和东风公司共建研发平台为县乡培训主导产业所需各类人才 4700 余人次。实施农业领军人才产业团队扶持计划。全市整合各类农业专家及农业领军人才资源，组建茶叶、特色粮油、中药材、食用菌等 7 个专家服务团队，制订专家服务团队分片服务、包村联系、巡回指导制度，帮助贫困村制订产业发展规划，提供政策及信息咨询、技术推广、农民培训等方面服务，下基

层开展专场服务 200 多次。

五、在"用"上见实效，激发乡村人才创新创业活力

释放人才活力，关键是构建更加积极、更加开放和更加有效的人才政策体系。十堰市注重把脱贫攻坚、乡村振兴一线作为锻炼干部的舞台，积极引导各类人才到基层一线建功立业。近年来，从市县乡机关选派选聘政治素质好、专业能力强的年轻干部担任村党组织书记 356 名、第一书记 1200 余名、驻村工作队员 3200 名，招录选调生 575 名、乡镇公务员 531 名到脱贫乡镇、脱贫村工作，实现干部资源向扶贫一线倾斜。坚持"能力在一线培养、业绩在一线创造、人才在一线识别、干部在一线选拔"的选人用人导向，累计提拔重用扶贫一线干部 367 名。汉江师范学院教授扎根竹山县最南端的柳林乡公祖村，带领该村修建两道大堤和人行步道，新建停车场、垃圾池等公用设施，鼓励集镇居民开办餐馆和家庭旅社，成立养蜂合作社，年销售土蜂蜜收入十多万元。探索"人才+基地"的工作模式，积极引导有头脑、懂技术、会经营的实用人才带头创业、创办基地，全市创建市级以上农业特色产业示范基地 24 个、市级以上农业专业合作社、家庭农场 249 家，带动发展种植、养殖大户 3800 余户。充分发挥科技人才引领发展的战略作用，近年来，成立各类农业科技人才服务农民合作社等机构 100 余个，引进新品种 206 种，推广新技术 280 项，建立示范基地 28 个，引进科技项目 24 个。广大科技人才奔赴乡村一线，提供技术服务，推广技术成果，进行技术培训，农户普遍掌握了 1—2 门先进适用农业技术，为乡村振兴

起到良好的示范带动作用。

六、在"留"上下功夫，切实优化乡村人才发展环境

人才引进后，留不留得住，关键看服务。十堰市注重"引凤来栖"，更注重"引凤长栖"，坚持用心用情为人才服务，积极营造"山清水秀"的人才生态环境。研究出台了《关于深化人才体制机制改革促进人才优先发展的实施意见》《关于引进各类人才资源向乡村一线集聚助推脱贫攻坚的实施意见》等文件，通过大力培养农村"当家人"、村级电商"领头人"等7项具体举措，从资金信贷、场地租赁、信息服务、技术指导等方面，支持人才下乡干事创业，切实创优乡村人才发展环境。同时，在全省率先出台《关于建立容错机制调动党员干部履职担当积极性的暂行办法》，引导党员干部在脱贫攻坚战场放开手脚、大胆探索、攻坚克难。各地拿出真金白银，加大对乡村人才振兴工作财政投入，近年来乡村人才发展专项资金持续增加，仅扶持"一村多"学员回乡创业，市财政就统筹扶持资金3000万元。支持帮助农业科研人才争取科技项目资金2200多万元，落实科研团队研发费用7亿元，为高新技术企业减免税收近亿元。提高基层干部待遇，全面落实乡镇专项津贴，加强乡镇"五小"建设，改善基层工作生活条件。落实"基本报酬+绩效报酬"结构报酬制，比照副科级干部落实村主职干部待遇。适当放宽基层招聘事业单位人员专业和学历标准，优先招聘"乡土牌"人才，简化"三支一扶"优秀人才招录程序，落实推广中小学教师、卫生等重点领域专业技术人才晋升高级职称须有1年以上农村基层工作服务经

历的做法，激励人才沉下去、用得好、留下来，助力脱贫攻坚和乡村振兴。

专家点评

众所周知，在农村工作的人员会面临优质资源匮乏、工作任务烦琐和发展机会受限等问题。在这样的条件下，很多优质人才不愿加入基层工作，乡村人才供求矛盾凸显。为破解乡村人才"招不来"和"留不住"的难题。湖北省十堰市把乡村人才振兴工作摆到农村经济社会发展的优先位置，激励、引导各类人才在农村施展才华。一是选出能干人才，采取"十个一批"的方式，选出思想政治素质好、群众工作能力强的人才。二是育好本土人才，发挥本土人才熟悉当地风土人情、自然资源优势和产业特点，通过精细化培训，使其扎根农村，服务"三农"。三是引回外出人才，通过吸引外出创业成功人士和乡贤回乡创业兴业，参与乡村产业发展和乡村治理。四是借力外来人才，抢抓对口协作机遇，深化市企共建、校企共建、校县共建，聘请专家团队对接指导，精准把脉。通过构建更加科学规范、开放包容、运行有效的人才政策体系，十堰市在最大限度上破除了束缚人才下乡进村的各种障碍，让有志于振兴乡村的各界人士，能够在乡村这片广阔的天地上尽展其才，并愿意长期扎根乡村，服务乡村发展。

后 记

实施乡村振兴战略，是以习近平同志为核心的党中央从党和国家事业全局出发、着眼于实现中华民族伟大复兴中国梦、顺应亿万农民对美好生活的向往作出的重大决策。为深入学习习近平总书记关于乡村振兴的重要论述，激励干部担当作为、精准施策，更好地以改革创新精神推进乡村振兴战略，中央组织部会同农业农村部，从党的十八大以来乡村振兴的生动实践中精心选编了 36 个典型案例，编写成书，供广大基层干部学习借鉴。

本书由中央组织部牵头，农业农村部指导，农业农村部农村经济研究中心负责编写，全国干部培训教材编审指导委员会办公室审定。参与本书案例调研、编写、修改和点评工作的人员主要有（按姓氏笔画排序）：习银生、马霖青、王伟、王威、王莉、王桔、王楠、王霞、王永春、王妍令仪、王建民、王建军、王建美、王济民、韦丽林、卜亚琼、方家、孔祥智、龙文军、叶绿宝、付饶、白帅、包月红、冯丹萌、皮文军、邢曼、朱广力、朱毅蓉、刘宇、刘波、刘睿、刘元元、刘俊杰、刘晓军、刘景景、刘瑞明、刘增寿、齐杰田、严永兵、严清华、芦千文、杜娟、杜力军、杜世敏、杜志雄、李龙、李竣、李磊、李云飞、李友加、李少峰、李正虎、李金梦、李宝辉、李春艳、李贵民、杨帆、杨成伦、杨灿林、杨惠媛、肖卫东、吴天龙、吴运康、吴念子、吴善睿、邱冬梅、邱爱明、何燊、何安华、何海忠、沈泰、张莹、张斌、张璟、张燕、张大军、张世垚、张东升、张志兵、张志勇、张志强、张灿强、张英洪、张周让、张宝珠、张祖航、张涛涛、张照新、张静宜、陆红、陆泉龙、陈伶、陈沫、陈洁、陈涛、陈铖、陈卫东、陈传波、陈建光、陈雯卿、范宏伟、易逢源、罗全福、金文成、金书秦、周应恒、庞有军、郑小军、郑锋茂、赵方正、胡文国、胡光欣、姜楠、姜长云、姜泽明、袁杰、耿杰、聂凤英、徐玉国、高鸣、高文永、郭沛、郭迪、黄雨、曹宇、曹慧、常富礼、崔雪、覃日庆、靳少泽、靳军平、廖荣天、谭智心、薛聚基、戴陶等。在编选过程中，中央组织部干部教育局负责组织协调工作，党建读物出版社等单位给予了大力支持。在此，谨对所有给予本书帮助支持的单位和同志表示衷心感谢。

编 者

2021 年 11 月

图书在版编目(CIP)数据

乡村振兴实践案例选编 / 全国干部培训教材编审指导委员会办公室组织编写. — 北京：党建读物出版社，2021.11

全国基层干部学习培训教材

ISBN 978-7-5099-1443-4

Ⅰ.①乡… Ⅱ.①全… Ⅲ.①农村—社会主义建设—案例—中国—干部培训—教材 Ⅳ.①F320.3

中国版本图书馆CIP数据核字（2021）第215413号

乡村振兴实践案例选编

XIANGCUN ZHENXING SHIJIAN ANLI XUANBIAN

全国干部培训教材编审指导委员会办公室　组织编写

责任编辑：郝英明　季利清
责任校对：钱玲娣
封面设计：刘伟
出版发行：党建读物出版社
地　　址：北京市西城区西长安街80号东楼（邮编：100815）
网　　址：http:// www.djcb71.com
电　　话：010-58589989 / 9947
经　　销：新华书店
印　　刷：北京中科印刷有限公司

2021年11月第1版　2021年11月第1次印刷
710毫米×1000毫米　16开本　19.5印张　216千字
ISBN 978-7-5099-1443-4　定价：34.00元

本社版图书如有印装错误，我社负责调换（电话：010-58589935）